Gunhild Hexamer

Seattle erleben

33 Geschichten aus der Metropole des Nordwestens

Seattle, die Metropole im Nordwesten der USA, liegt inmitten einer grandiosen Landschaft aus Meer und Seen, grünen Wäldern und schneebedeckten Bergen.

Was für eine Perle da vor ihnen lag, das ahnten bereits die weitgereisten Pioniere, als sie in der Elliott Bay anlegten und beschlossen: Hier bauen wir unsere Stadt.

In Seattle und Umgebung weht der Wind der Ideen und des Unternehmergeistes. Weltbekannte Namen sind hier zu Hause, so wie Boeing, Microsoft, Starbucks und Amazon. Gleichzeitig blüht in Studios und Hinterhöfen eine lebendige Künstlerszene.

Und jeder hat seinen Coffee Shop an der Ecke, denn in der Stadt der Röstereien und Cafés ist der Weg zum Kaffee niemals weit.

Erleben Sie die faszinierende Vielfalt von Seattle, kommen Sie mit auf ein Leseabenteuer in 33 Geschichten!

GUNHILD HEXAMER lebt im Rhein-Main-Gebiet und startet von Frankfurt aus regelmäßig zu ihren Sehnsuchtszielen in den USA und Kanada. Nach ihrem Studium in Münster und Cardiff, Wales, arbeitete sie viele Jahre als Wissenschaftliche Dokumentarin. Heute ist sie als Autorin und Lektorin tätig, gestaltet Webseiten und fotografiert.

Fotos von Seattle und Umgebung finden Sie auf meiner Website www.ghexamer.de

Taschenbuchausgabe, überarbeitete Auflage August 2023

Fotos und Cover: Gunhild Hexamer
ISBN: 978-1790206674
Independently published

Gunhild Hexamer

Seattle erleben

33 Geschichten aus der
Metropole des Nordwestens

INHALT

Willkommen in Seattle

Eine fliegende Untertasse, die auf einem hohen, schlanken Turm balanciert, das ist die Space Needle, das Wahrzeichen von Seattle. Ich fahre mit dem Aufzug hinauf zur Aussichtsplattform, um die Stadt, die ich so liebe, aus der Vogelperspektive zu betrachten. Was ich sehe, wirkt auf den ersten Blick nicht außergewöhnlich: ein Häusermeer, durchschnitten von vielspurigen Highways, und dazwischen ragen wie Inseln Wolkenkratzer aus Beton und Glas heraus.

Doch die Großstadt mit ihren über 700 000 Einwohnern kommt nicht nur betongrau daher, nein, sie schmückt sich mit viel glitzerndem Blau und sattem Grün. Nicht umsonst wird sie „Emerald City“ genannt, die Smaragdstadt. Blau dehnen sich die Wasserflächen aus: im Westen der Pazifik, der mit dem Puget Sound ein paar lange Tentakel ins Land hineinstreckt, im Osten der Lake Washington. Und zwischen all den Bürotürmen, den Wohn- und Geschäftshäusern besetzen Bäume, Rasen und wildes Gestrüpp jedes freie Fleckchen, gut versorgt von den häufigen Regenschauern.

In der Ferne sehe ich dichte grüne Wälder und eine Puderzuckerlandschaft von schneebedeckten Bergen. Wer in Seattle wohnt, hat die Olympic Mountains und die Gebirgskette der Cascades mit seiner Majestät, dem Mount Rainier, praktisch direkt vor der Haustür. Vormittags Ski fahren, nachmittags segeln gehen – in der Emerald City alles machbar.

Der amerikanisch-britische Schriftsteller Henry James nannte Seattle 1907 „eine Blume der Geographie“. Ideale geographische Bedingungen erkannten schon die ersten Pioniere mit Gründervater Arthur Denny, als sie im Januar 1852 an der sanft geschwungenen Elliott Bay den perfekten Ort für ihre zukünftige Stadt fanden.

Die Pioniere waren kluge Leute mit Weitblick. Zu einer Zeit, als hier nicht viel mehr stand als eine Handvoll einfacher Blockhäuser, gründeten sie bereits eine Universität. Heute entlässt die University of Washington, die zu den besten Hochschulen des Landes gehört, jedes Jahr exzellent ausgebildete Ingenieure und Informatiker ins Arbeitsleben. Sie sind ein Grund dafür, warum sich gerade die Technologie-Branche in Seattle und Umgebung so gut entwickeln kann. Bill Gates baute hier Microsoft auf, Jeff Bezos gründete Amazon.

In nächster Nachbarschaft zu den großen Firmen heckt die Startup-Szene neue Ideen aus, blüht und gedeiht die Alternativkultur mit Künstlern, Yoga-Jüngern, kapitalkritischen Denkern, Friedens- und Umweltaktivisten.

Was sie aber alle eint, vom Angestellten im Anzug bis zum Künstler im Kapuzenpulli, das ist die Liebe zu einem ganz besonderen Saft: dem Kaffee. Der fließt in Seattle, der Kaffeehauptstadt der USA, reichlicher als anderswo. Aber nicht als billiges Automatengebräu, vielmehr zaubern die lokalen Röstereien wunderbar aromatische Kaffeebohnen, die von den rund 1 700 Coffee Shops der Stadt in Espresso, Cappuccino oder Caffè Latte verwandelt werden.

Der Aufzug der Space Needle bringt mich wieder nach unten. Jetzt einen Kaffee, denke ich. Und sehe direkt gegenüber schon das Logo mit der grünen Nixe leuchten ...

1 Das gelobte Land – die lange Reise der Pioniere

Mary Ann Denny ließ sich auf den vor Nässe glänzenden Baumstamm sinken und fing an zu weinen. Es war einfach zu viel. Sie hatte so sehr gehofft, endlich ankommen zu können, doch was die Reisenden erwartete, war ein einziges halbfertiges Blockhaus, zwar mit vier Wänden, aber ohne Dach. Dabei brauchten sie nichts nötiger als ein Dach über dem Kopf! Die Tränen rollten Mary Ann die Wangen hinunter. Der sechs Wochen alte Säugling, den sie im Arm hielt, schaute sie mit seinen großen blauen Augen verständnislos an, dann verzog sich sein winziges Gesicht, und er begann zu schreien. So als wollte auch er sich über die Zumutung des Schicksals beklagen.

Kate und Lenora, Mary Anns Töchter, kamen angelaufen und drückten sich an sie. „Mama, was ist los? Bist du traurig?“ Noch nie hatten sie ihre Mutter weinen gesehen. Sonst war Mary Ann immer voller Mut und Zuversicht, und wenn es unterwegs mal schwierig wurde, sagte sie zu ihren Kindern: „Alles wird gut, ihr werdet sehen.“ Und bis jetzt hatte sie immer recht gehabt. Manchmal dauerte es eine Weile, bis alles gut wurde, dann erzählte die Mutter Geschichten, um die Mädchen von ihrem Hunger oder ihren Ängsten abzulenken. Heute jedoch schien sie alle Zuversicht verloren zu haben.

Erbarmungslos prasselte der kalte Novemberregen auf das wilde Land nieder. In bleigrauen Wogen rollte das Meer gegen den Strand, jedes Mal ein wenig höher, denn die Flut hatte eingesetzt und verlangte ihr Terrain zurück. Unruhig tanzten die Schaumkronen auf dem Wasser.

Wenn die Reisenden sich umdrehten und ins Landesinnere blickten, sahen sie durch den Vorhang aus Regen und Nebelschwaden die Umrisse schroffer Berge in der Ferne. Davor ragte wie die Wehrmauer einer Burg ein düsterer, undurchdringlicher Wald auf.

„Sind wir immer noch nicht da?", fragte Kate leise und etwas zögernd. Die Mutter sollte nicht denken, dass sie sich beklagen wollte.

Kate war sieben Jahre alt und das älteste Kind der Familie Denny. Sie half ihrer Mutter schon beim Kochen und Aufräumen, und sie passte auf die vierjährige Lenora auf, die oft so übermütig und unvorsichtig war.

Mary Ann seufzte tief. Sie holte ihr Taschentuch aus der Rocktasche, wischte sich die Tränen ab und versuchte ein Lächeln. „Für heute sind wir da", sagte sie. „Und jetzt wollen wir das Beste daraus machen."

Auf der langen Reise hatten die Kinder ihre Eltern schon viele Male gefragt: „Wann sind wir denn da?" Kate wusste, dass es kleine Ziele gab und ein ganz großes. Bei den kleinen Zielen kam man an, um für eine Nacht zu bleiben, für einige Tage oder sogar ein paar Wochen. Und das große Ziel war die neue Stadt, die der Vater gründen wollte. Alle hatten gehofft, dass hier der passende Ort dafür sein würde. Aber um aus einem einzigen Blockhaus, das nicht einmal ein Dach besaß, eine richtige Stadt zu machen, dafür musste man wohl zaubern können, dachte Kate.

Auf dem Oregon Trail gen Westen

Kates Vater, Arthur A. Denny, war der Anführer der Gruppe, die am 13. November 1851 bei der Landspitze Alki Point im Südwesten der Elliott Bay landete. Die sogenannte „Denny Party“ bestand aus zwölf Erwachsenen und zwölf Kindern, von denen keines älter als acht Jahre war.

Sieben Monate zuvor hatte Arthur auf die erste Seite seines neuen Notizbuchs geschrieben: Tagebuch der Reise nach Oregon, verfasst von A. A. Denny. 10. April 1851. Aufbruch um drei Uhr nachmittags.

Mit diesen nüchternen Worten begann das große Abenteuer. Bisher hatte die Familie in der kleinen Ortschaft Cherry Grove in Illinois gelebt. Es ging ihnen gut dort, Arthur arbeitete als Landvermesser und verdiente genug, um Frau und Kinder zu ernähren. Was trieb ihn an, das alte Leben hinter sich zu lassen und mitsamt seiner Familie an das andere Ende des Kontinents auszuwandern?

Arthur war kein leichtsinniger Mann, aber es steckte eine Unruhe in ihm, die er schon von seinen Vorfahren ererbt hatte. Und nun lockte ihn das riesige Oregon-Territorium im Nordwesten, das aus den heutigen Bundesstaaten Washington, Oregon, Idaho und einem Teil von Montana bestand. In den vergangenen Jahren waren bereits tausende von Menschen in diese Richtung gezogen. Das Wort „Oregon“ wirkte wie ein ansteckendes Fieber, das die Leute dazu brachte, Planwagen mit ihrer Habe zu beladen und sich auf den Weg zu machen.

Als aus Oregon Briefe von Freunden eintrafen, die berichteten, sie hätten sich im fruchtbaren Tal des Willamette River niedergelassen, traf Arthur eine Entscheidung: Auch er wollte einen Neustart wagen. Andere Familienmitglieder schlossen sich ihm an, und so setzte sich am Tag des Aufbruchs ein ganzer Clan in Bewegung, bestehend aus Arthur mit Frau und Töchtern, seinem Vater John mit seiner zweiten Frau und einer kleinen

Tochter, Mary Anns Bruder Carson Boren mit Frau und Kind, ihrer jüngeren Schwester Louisa Boren und vier von Arthurs sieben Brüdern.

Monatelang rumpelten die vier Planwagen, von Pferdegespannen gezogen, über den 2 200 Meilen langen Oregon Trail gen Westen, durch die Ebenen der Great Plains und durch staubtrockene Wüstenlandschaften, über die Gebirgspässe der Rocky Mountains und der Cascade Mountains. Arthur wurde immer wieder von Malariaschüben außer Gefecht gesetzt und lag streckenweise mit Schüttelfrost und hohem Fieber im Wagen. Die Kinder bekamen Keuchhusten, und der Umstand, dass Mary Ann schwanger war, machte die Tour für sie nicht einfacher. Zudem lebte die Gruppe in ständiger Furcht vor Indianerangriffen.

Am 22. August 1851, nach 134 beschwerlichen Tagen auf dem Trail, trafen die Planwagen mit dem Denny-Clan in dem Städtchen Portland am Willamette River ein. Der Fluss glänzte so freundlich in der Nachmittagssonne, als wollte er die erschöpften Reisenden willkommen heißen.

„Sind wir jetzt da?“, fragten die Kinder erwartungsvoll.

Mary Ann lächelte. „Ja, jetzt sind wir da.“

Doch sie hatte sich geirrt. Zwar fasste ein Teil der Gruppe den Entschluss, sich hier niederzulassen, nicht aber Arthur Denny. Der fand, dass es in Portland und Umgebung schon viel zu voll war. Wie sollte er da eine eigene Siedlung gründen? Er erinnerte sich an eine Begegnung unterwegs. Ein Mr. Brock hatte ihnen von einer herrlichen, noch ganz ursprünglichen Landschaft am Puget Sound erzählt, mit einem milden Klima und ausgedehnten Wäldern.

Arthur fühlte sich noch zu schwach von seiner Krankheit, deswegen beauftragte er seinen jüngeren Bruder

David, die Gegend auszukundschaften. David, neunzehn Jahre alt, unternehmungslustig und voller Energie, war genau der richtige Mann für diese Aufgabe. Mit zwei Gefährten, John N. Low und Lee Terry, machte er sich auf den Weg. Einige Wochen später kam John Low mit einem Brief von David zurück. Wir haben das Tal des Duwamish River untersucht und finden, dass es gute Bedingungen bietet. Hier ist reichlich Platz für rund tausend Siedler. Kommt sofort!

Arme Mary Ann! Sie hatte gerade einmal Zeit gehabt, ihr Baby auf die Welt zu bringen und sich ein wenig zu erholen.

Nach einer neuntägigen Seereise, bei der alle seekrank wurden, setzte der Schoner Exact die Reisenden am Strand bei Alki Point ab. Der Kapitän warf einen Blick auf das regenverhangene Land und war heilfroh, dass er an diesem gottverlassenen Ort nicht von Bord gehen musste.

Warum nur ließ David seine Familie buchstäblich im Regen stehen? Er hatte sich mit einer Axt verletzt, bekam Fieber und war dadurch nicht in der Lage gewesen, das Blockhaus rechtzeitig fertigzustellen.

Mary Ann war nicht die einzige, der in dieser Situation die Tränen kamen. Doch die Frauen gönnten sich nur einen kurzen schwachen Moment, dann krempelten sie entschlossen die feuchten Ärmel hoch und brachten die am Strand verstreuten Kisten, Taschen und Säcke vor der herannahenden Flut in Sicherheit. Aus den Kisten zauberten sie Tischtücher und Bettlaken hervor und breiteten sie über den Büschen aus, um ihren Kindern einen provisorischen Schutz vor dem Regen zu schaffen. Die Männer sägten bereits eifrig Holz, damit die Hütte endlich ein Dach bekam.

Da plötzlich riss der Himmel auf. Ein Bündel gleißender Sonnenstrahlen brach durch einen Spalt in den dunklen Wolken und tauchte die Umgebung in ein warmes, goldenes Licht. Den Menschen in der Wildnis war es, als würde ihnen der Himmel eine Botschaft der Hoffnung schicken.

Der perfekte Ort

Die Indianer, die hier lebten, halfen ihnen, weitere Blockhütten zu bauen, so dass die Gruppe zumindest den Winter überstehen konnte. Doch Arthur spürte noch immer die alte Unruhe in sich. „Dieser Standort gefällt mir nicht so recht“, sagte er stirnrunzelnd zu seiner Frau, als draußen mal wieder ein heftiger Schauer niederging.

„Mir auch nicht“, erwiderte Mary Ann, während sie in einem großen Kochtopf rührte. „Die Landspitze ist völlig ungeschützt, Sturm und Regen machen uns hier das Leben schwer.“

„Außerdem gibt es keinen brauchbaren Schiffslandeplatz“, sagte Arthur. „Das Wasser müsste viel tiefer sein.“

An einem windstillen Tag im Januar 1852 machten sich Arthur, David, Carson Boren und William N. Bell daran, die Gegend weiter zu erkunden. Bell und seine Familie hatten sich der Denny-Gruppe in Portland angeschlossen. Mit einem Kanu paddelten die vier Männer an der weit geschwungenen Küste der Elliott Bay entlang. Bell und Boren führten die Paddel, während die Denny-Brüder mit einer langen Wäscheleine hantierten, an der sie ein Hufeisen befestigt hatten. Damit wollten sie die jeweilige Wassertiefe ausloten.

Und dann fanden sie den perfekten Ort: mit tiefem Wasser für den zukünftigen Hafen, einer Wiese mit einem plätschernden Bach, der Trinkwasser liefern und eine Mühle antreiben könnte, und einem dichten Wald für den Einstieg in die Holzwirtschaft.

„Das ist es!", sagte Arthur mit glänzenden Augen. „Hier soll unsere Stadt entstehen."

Mit den Bildern einer lieblichen Landschaft im Kopf paddelten sie wieder nach Alki Point. Doch am 15. Februar 1852 kehrten sie zurück, diesmal, um ihre Grundstücke abzustecken. Das war die Geburtsstunde der Stadt Seattle.

Bald darauf zogen die Familien mit ihrer wenigen Habe an die Stelle, wo heute der Pioneer Square liegt.

Als Kate ihren Vater fragte: „Sind wir jetzt da, ich meine, so richtig?", da antwortete er mit einem zufriedenen Lächeln: „Ja, jetzt sind wir angekommen, und hier werden wir bleiben."

Arthur Denny hatte sein gelobtes Land gefunden.

Bei Alki Point in West Seattle befindet sich ein Denkmal mit dem Namen „Birthplace of Seattle Monument". Standort: am Strand, bei Alki Ave SW, Ecke 63rd Ave SW

2 Willkommen, sagte der Häuptling – Chief Seattle

Besonders glücklich war Chief Seattle nicht, dass die Weißen ihr Dorf, das erst noch eine Stadt werden sollte, nach ihm benannt hatten. So etwas brachte Unglück! Schließlich wusste jeder, dass es den Geist eines Verstorbenen mächtig stören konnte, wenn jemand dessen Namen aussprach. Ob sein Geist nun niemals zur Ruhe kommen würde? Wenn man bereits auf die Siebzig zuging, machte man sich so seine Gedanken ...

Chief Seattle wurde Mitte der achtziger Jahre des 18. Jahrhunderts auf einer Insel im Puget Sound geboren. Seine Mutter, die dem Duwamish-Stamm angehörte, war eine Häuptlingstochter, sein Vater war der Anführer der Suquamish. Mit dieser Abstammung verfügte der Sohn schon über die erste Voraussetzung für seine zukünftige Führungsrolle.

Eigentlich trug Seattle den Namen Si'ahl, was einfach aussieht, aber für Europäer schwierig auszusprechen ist. Es existieren noch andere Schreibweisen, so wie auf seinem Grabstein, wo man den Namen „Sealth" liest, aber die Linguisten sagen, das sei vollkommen falsch, da es den th-Laut in der Muttersprache des Chiefs nicht gegeben habe. Im Englischen jedenfalls wurde er Seattle genannt, und das kommt der Aussprache vermutlich am nächsten.

Seattle war noch ein Kind, als er von seinem Kanu aus das Schiff von Kapitän Vancouver erblickte, als dieser im Frühjahr 1792 durch den Puget Sound segelte. Wie muss der kleine Junge über das große Schiff mit den bleichgesichtigen Fremden darauf gestaunt haben! Jahrzehnte nach der ersten Begegnung kam er mit einer Gruppe von Indianern regelmäßig zum Fort Nisqually, einem Handelsstützpunkt der Hudson's Bay Company, um Biber- und Seeotterpelze gegen Wolldecken und andere Waren einzutauschen.

Er bewunderte die Weißen, vor allem ihre Macht und Zielstrebigkeit. Berührungsängste hatte er nicht, stattdessen interessierte er sich sehr für die Gewohnheiten der Fremden. Als katholische Missionare an ihn herantraten, um ihn, den „Wilden", zu bekehren, ließ er sich von ihnen auf den Namen Noah taufen. Fortan praktizierte er nicht nur seine Mutterreligion, sondern gleichzeitig die der Christen. Es faszinierte ihn auch, dass die Weißen sich mit so vielen verschiedenen Dingen umgaben, auf die sie offenbar in keiner Lebenslage verzichten wollten.

Weil Seattle in allen Situationen herausragende Intelligenz und großen Mut bewies, wählten die Duwamish und Suquamish ihn zu ihrem Anführer. Sein größtes Anliegen war es, Frieden zu halten, gerade mit den Weißen, von denen er wusste, welche militärische Macht ihnen im Konfliktfall zur Verfügung stand. Die ersten Siedlerfamilien, die im November 1851 bei Alki Point an Land gingen, hieß er freundlich willkommen, und sein Stamm half den Neuankömmlingen, wetterfeste Hütten für den Winter zu bauen.

Kein braver Pionier

Wie kam es nun dazu, dass die Siedlung an der Elliott Bay nach Häuptling Seattle benannt wurde?

Als die Siedler sich schließlich dort niederließen, wo heute die Innenstadt von Seattle liegt, nannten sie ihr kleines Dorf zunächst Duwamps, nach dem Indianerstamm der Duwamish, der an den Ufern des gleichnamigen Flusses lebte.

Die Pioniere mit ihrem Anführer Arthur A. Denny waren wohlanständige, gottesfürchtige Leute, so wie die Amerikaner und die Geschichtsbücher sie lieben. Und dann gab es noch David Swinson Maynard, der von allen Doc Maynard genannt wurde, weil er als ausgebildeter Arzt praktizierte.

Der Doc entsprach überhaupt nicht dem Bild des braven Pioniers, vielmehr war er ein bunter Vogel, ein schillernder Charakter, der auch gerne mal ein Glas zu viel trank. Seine Frau Lydia war in Cleveland, Ohio, geblieben. Als es ihn nach Westen zog, hatte er ihr die Scheidung angeboten, doch sie lehnte ab. Das hinderte ihn nicht daran, an seinem neuen Wohnort ein eheähnliches Verhältnis mit der schönen Witwe Catherine zu pflegen. Nun ja, der Trauschein fehlte, aber wie hätte Catherine diesem gutaussehenden Mann widerstehen können? Maynard war groß und breitschultrig, schwarze Locken umrahmten sein Gesicht, und sein gewinnendes Lächeln entzückte die Damen.

Anfangs lebte Maynard in dem Städtchen Olympia am südlichen Ende des Puget Sound, wo er eine Handelsstation unterhielt. Im Suff neigte er dazu, seinen Kunden unbegrenzten Kredit zu geben oder seine Ware gleich zu verschenken. Was die Kunden freute, ärgerte die anderen Ladenbesitzer maßlos. Schließlich legten ihm die Stadtväter nahe, den Ort zu verlassen – Pech für Olympia und ein Glück für Seattle, wie sich herausstellen sollte.

Chief Seattle war häufig nach Olympia gepaddelt, um in Maynards Laden neue Vorräte zu besorgen. Dabei hatten sich die beiden Männer angefreundet. Der Chief half beim Umzug, und so kam Maynard im Frühjahr 1852 im

Kanu des Häuptlings nach Duwamps, um ordentlich Schwung in die Gründerszene zu bringen.

Erst einmal kaufte er rund 260 Hektar Land in der Gegend des heutigen Pioneer Square, dann baute er sich mit Hilfe befreundeter Indianer eine Hütte mit angeschlossenem Gemischtwarenladen, dem ersten in dieser Siedlung. „Seattle Exchange“, so nannte er sein Geschäft. Und wenn gerade mal keine Kunden kamen, um Tee, Wolldecken, Angelhaken oder Kochtöpfe zu kaufen, dann griff er nach seinem Stethoskop und untersuchte Patienten, während Catherine ihm assistierte.

Maynard beschaffte sich das Recht, unter dem Dach seines Ladens auch ein Postamt zu betreiben, was den Umsatz ankurbelte. Er richtete eine Schmiede ein und verkaufte sie für zehn Dollar an einen vorbeiziehenden Schmied. Und er brachte den Unternehmer Henry L. Yesler dazu, auf seinem Grund und Boden ein dampfbetriebenes Sägewerk zu bauen, den ersten Industriebetrieb des Ortes.

Bisher war die Siedlung kaum mehr als ein Holzfällercamp zwischen der Küste und einem dichten Wald von Baumriesen gewesen, doch jetzt brummte die Wirtschaft und zog in der Folge viele weitere Unternehmen an.

Dem Chief und den anderen Indianern am Puget Sound blieb Maynard weiterhin freundschaftlich verbunden. Mit diplomatischem Geschick vermittelte er nicht nur bei Konflikten zwischen Indianern und Weißen, sondern ebenso bei Streitigkeiten zwischen den Stämmen.

Ein Akt der Diplomatie war es letztlich auch, als Maynard die führenden Männer der Siedlung 1853 überreden konnte, den Namen des Häuptlings für ihre Stadt zu übernehmen. Der Chief hatte zwar Bedenken, er stellte sich das Leben nach dem Tod recht unruhig vor, doch auf

Maynards Betreiben hin versprach die Stadt, ihm dafür eine jährliche Ausgleichszahlung zu leisten. Zu Lebzeiten, selbstverständlich.

Gewalt würde auch nichts ändern

Da immer mehr Siedler ins Land strömten, sah sich die US-Regierung veranlasst, die Rechte von Weißen und Indianern, die in der Region um den Puget Sound ansässig waren, in einem Vertrag festzuhalten. Im Januar 1855 versammelte Isaac I. Stevens, der Gouverneur des Washington-Territoriums, die Anführer der 22 Stämme zu einer Vertragskonferenz in Point Elliott (heute Mukilteo).

Grundsätzlich war es so, dass die riesigen Landflächen der Vereinigten Staaten zunächst einmal der US-Regierung gehörten, und nur sie hatte das Recht, den Grund und Boden an Siedler, Farmer oder Unternehmer zu verkaufen. Den Indianern hingegen war die Idee des privaten Landbesitzes fremd. Sie konnten deshalb nicht nachweisen, dass es sich um ihr Land handelte – auch wenn ihr Volk bereits seit Jahrtausenden dort lebte. Schon dadurch befanden sie sich in einer schlechteren Ausgangsposition.

Chief Seattle nahm als Vertreter der Duwamish und Suquamish an den Vertragsverhandlungen teil und war der erste, der sein Zeichen auf das Dokument setzte. Der Inhalt des Papiers hatte seine Lücken und Tücken, denn Gouverneur Stevens nutzte es aus, dass keiner der anwesenden Indianer die Bestimmungen – geschrieben in einer fremden Sprache und in unverständlichen Schriftzeichen – lesen konnte und deshalb auf mündliche Zusagen vertrauen musste. Dass die Indianer ihr Land aufgeben und in Reservate ziehen sollten, das allerdings hatten die Stammesführer sehr wohl verstanden. Trotzdem unterzeichneten sie den Vertrag.

Warum ließ sich ein so kluger Mann und erfahrener Häuptling wie Chief Seattle auf so etwas ein? Ihm war klar, dass die Weißen die Übermacht besaßen und dass sich daran auch nichts ändern würde, wenn die Indianer versuchten, sich mit Waffengewalt zu wehren.

Die jungen, ungestümen Krieger der am Puget Sound ansässigen Stämme dachten nicht daran, die Zumutungen des Vertrags einfach hinzunehmen. Proteste flammten auf, die im Januar 1856 in der „Battle of Seattle" mündeten. Der Angriff auf die kleine Siedlung wurde mit militärischer Hilfe abgewehrt, und zwar innerhalb eines einzigen Tages. Auf Seiten der Weißen gab es zwei Tote, auf indianischer Seite hingegen 28 Tote und 80 Verwundete. Chief Seattle hatte seine Leute aus dem Kampf herausgehalten und die Siedler, mit denen er befreundet war, sogar vorher gewarnt. Er wusste, dass das Blutvergießen zu nichts führen würde.

Und wenn die Häuptlinge sich geweigert hätten, den Vertrag zu unterschreiben? Dann hätte man die Indianer als Feinde betrachtet und gewaltsam verdrängt. So aber besaßen sie zumindest gewisse Rechte, auch wenn diese allzu oft nur auf dem Papier standen.

Häuptling Seattle starb am 7. Juni 1866. Sein Grab befindet sich im Port-Madison-Reservat in Suquamish, weit genug entfernt von Seattle, so dass sein Geist die Totenruhe ungestört genießen kann.

So sprach der alte Häuptling – oder auch nicht

„The earth does not belong to man; man belongs to the earth." („Die Erde gehört nicht dem Menschen; der

Mensch gehört der Erde.“) Kennen Sie diesen Satz? Er ist schon unzählige Male zitiert worden, wenn es um die Bewahrung der Natur ging. Oft findet er sich auf Plakaten, mit unserem blauen Planeten oder stimmungsvollen Naturmotiven im Hintergrund. Bis heute wird das Zitat Chief Seattle zugeschrieben, obwohl längst bekannt ist, dass er diese Worte nie gesagt hat.

Schuld an dem Missverständnis war zunächst einmal der Journalist, Dichter und Arzt Henry A. Smith, er gehörte zu den ersten weißen Siedlern in Seattle. Am 29. Oktober 1887 veröffentlichte Smith einen langen Artikel im Seattle Sunday Star, wo er eine Rede wiedergab, die Chief Seattle 1854 anlässlich eines Besuchs von Gouverneur Stevens gehalten haben soll. In dieser Rede spricht Seattle über den drohenden Untergang der indianischen Völker, er erklärt, dass sich die Indianer durch die Gräber ihrer Ahnen eng mit dem Land verbunden fühlen, es sogar als heilig betrachten, und schließlich appelliert er an Stevens, die Rechte der Indianer zu achten und sein Volk gut zu behandeln.

Nun ist es keineswegs unwahrscheinlich, dass der Chief, der als guter Redner bekannt war, in diesem Sinne gesprochen hat, allerdings existiert kein weiterer Nachweis dafür. Verdächtig ist auch der poetische Stil, den Smith verwendet, seine blumigen Sätze können unmöglich von Seattle selbst stammen. Der hätte die Rede vermutlich in seiner Muttersprache Lushootseed gehalten, dann wären die wichtigsten Aussagen in den Chinook Jargon, eine einfache Handelssprache, übersetzt worden und schließlich ins Englische.

Offenbar bediente sich der Verfasser des Artikels munter seiner eigenen Phantasie, auch wenn er behauptete, er habe den Wortlaut damals in seinem Tagebuch protokolliert. Warum aber kam er erst 33 Jahre später damit heraus? Hatte er auf dem Dachboden gekramt und sein altes Tagebuch gefunden? Wir wissen es nicht.

Und dann, Anfang der siebziger Jahre des 20. Jahrhunderts, wurde die Rede plötzlich populär.

Es begann damit, dass der Literaturwissenschaftler William Arrowsmith den alten Text in ein moderneres Englisch übertrug. Mit Arrowsmith befreundet war ein Drehbuchautor namens Ted Perry. Perry arbeitete an einem Fernsehfilm über Ökologie und Umweltzerstörung, und der Produzent hatte gemeint, es würde der Aussage des Films sicher mehr Gewicht verleihen, wenn man einen bekannten Indianerhäuptling zitierte. Perry dachte sofort an die Rede von Chief Seattle, die er durch seinen Freund kannte. Zwar hatte sich Seattle zum Thema Umwelt gar nicht geäußert, aber das, so dachte Perry, konnte man ja im Nachhinein noch ändern. Wer wusste schon so genau, was der alte Mann damals wirklich gesagt hatte?

Und so entstand ein eindrucksvoller, berührender Text, der bis heute in der gesamten Umweltbewegung kursiert und mit den Worten beginnt: „The earth does not belong to man ..."

Berühmt wurde der Chief zwar durch die Worte, die man ihm in den Mund gelegt hat, doch wodurch er sich wirklich auszeichnete, waren seine Offenheit, Freundlichkeit und Hilfsbereitschaft gegenüber Fremden, in einer Zeit, als er bereits ahnte, dass bald nichts mehr so sein würde, wie es einmal war.

Auf dem Tilikum Place in Seattle befindet sich als Brunnenfigur eine Skulptur, die Chief Seattle in Lebensgröße darstellt. Die rechte Hand des Chiefs ist zum Gruß erhoben – eine Willkommensgeste, die seine Persönlichkeit sehr treffend zum Ausdruck bringt. Ohne seine großzügige, friedfertige Einstellung wären die Anfangsjahre der Stadt, die seinen Namen trägt, mit Sicherheit anders verlaufen.

Respekt, großer weiser Häuptling!

Tilikum Place: 2701 5th Avenue, Seattle. Eine Büste von Chief Seattle befindet sich auf dem Pioneer Square.

3 Die fliegende Untertasse – Space Needle, das Wahrzeichen der Stadt

Eines Abends im Jahr 1959 saß ein amerikanischer Gast im Restaurant des Stuttgarter Fernsehturms und schaute durch die Panoramafenster hinaus in die Weite. Die Kellnerin hatte gerade seinen Teller abgeräumt – das Schnitzel war ausgezeichnet gewesen! – und ihm noch eine Tasse Kaffee gebracht. Edward Carlson, so hieß der Amerikaner, konnte sich von der atemberaubenden Aussicht kaum trennen. Tief unter ihm lag dichter Wald, doch nur ein kleines Stück weiter breitete sich schon das Häusermeer der Stadt aus, mit diesen typisch europäischen Sträßchen und Gässchen, eines gewundener als das andere.

Eine ziemlich coole Idee, dieses Restaurant auf dem Fernsehturm, dachte Carlson. Den Turm hatten die Stuttgarter erst vor drei Jahren eröffnet, und die Architektur galt als wegweisend. Aus einem Impuls heraus nahm Carlson den blauen Kugelschreiber aus der Brusttasche seines Jacketts und begann, auf die weiße Papierserviette zu kritzeln, die noch auf seinem Platz lag. Eine lange, schlanke Säule, obendrauf eine Kugel, fertig. Carlson lächelte zufrieden. Genau so etwas könnte Seattle für die anstehende Weltausstellung gebrauchen. Ein Restaurant auf einem Turm, wo gab es so etwas in den USA?

Carlson winkte der Kellnerin, zahlte die Rechnung, und als er ging, steckte er die Serviette in die Hosentasche. Bevor er aufbrach, warf er noch einmal einen Blick durch die gerundete Fensterfront. Die Dämmerung senkte sich über Stuttgart, und in der Stadt gingen nach und nach die Lichter an. Wunderschön, dachte Carlson. Draußen kaufte er noch ein paar Postkarten mit dem Motiv des Fernsehturms. Die Karten beschriftete er ein paar Stunden später in seinem Hotelzimmer, als er nicht schlafen konnte. Diese Deutschen kochten einen verteufelt starken Kaffee!

Edward Carlson, 48 Jahre alt und ein typischer Selfmademan, hatte sich zum stellvertretenden Direktor der Hotelkette Western Hotels, später Westin Hotels, hochgearbeitet. Außerdem aber war er der Vorsitzende der Seattle World Fair Commission, die damit beauftragt war, die für 1962 geplante Weltausstellung in Seattle auf die Beine zu stellen. Und aus diesem Grund sollte die Zeichnung auf der Serviette, die jeder Fünfjährige mit mehr Sorgfalt ausgeführt hätte, in die Stadtgeschichte eingehen.

Auf ins 21. Jahrhundert

Dass Seattle eine der vielbeachteten Weltausstellungen ausrichten würde, ging auf die Initiative von Stadtratsmitglied Al Rochester zurück. Der warb so hartnäckig und erfolgreich für seine Idee, dass die Regierung des Bundesstaats Washington sich genötigt sah, schon mal 5 000 Dollar lockerzumachen und eine Weltausstellungskommission ins Leben zu rufen.

Von da an nahm das Projekt Fahrt auf wie eine Dampfwalze, die, wenn sie sich einmal in Bewegung gesetzt hat, nicht mehr aufzuhalten ist. „Wir wollen der ganzen Welt zeigen, dass Seattle kein abgelegenes Nest im letzten nordwestlichen Winkel des Landes ist, sondern die schimmernde Metropole am Pazifik!“ Mit solchen Worten gelang es Rochester, die Leute zu begeistern. Zu jener Zeit lebten rund 500 000 Menschen in der Stadt, die erst noch beweisen musste, dass sie es mit San Francisco und den viel bedeutenderen Großstädten an der Ostküste aufnehmen konnte.

Ursprünglich sollte mit der Veranstaltung an eine frühere Ausstellung erinnert werden, die Alaska-Yukon-Pacific Exposition von 1909, die wiederum an den Beginn des Klondike Gold Rush im Jahr 1897 erinnerte.

Aber nun hatte Erzfeind Russland 1957 als Erster weltweit eine Raumsonde ins All geschossen, die Sputnik 1, und damit in den USA den Sputnik-Schock ausgelöst. Amerika war entsetzt und beleidigt, so wie ein Klassenprimus, der feststellen muss, dass ganz überraschend jemand anders die beste Arbeit geschrieben hat. Schlagartig wurde auch Al Rochester und seinen Mitstreitern klar, dass ein nostalgisch verklärter Blick in die Vergangenheit unter diesen Umständen nicht mehr angebracht war.

So wurde ein neues, zeitgemäßeres Leitmotiv aus der Taufe gehoben: das 21. Jahrhundert, das ja noch in sicherer Entfernung in der Zukunft schwebte, so dass man beliebig viel hineinphantasieren konnte. In der Welt von morgen würden Raumschiffe – amerikanische natürlich – fahrplanmäßig auf fremden Planeten landen. Und die Probleme der Menschheit, die hätte man bis dahin längst mithilfe moderner Wissenschaft und Technik gelöst. Beneidenswert – wer traut sich heute noch, so frohgemut optimistisch in die ferne Zukunft zu blicken?

Als ich das Logo der Ausstellung sah, über fünfzig Jahre nach der Weltausstellung, war ich etwas irritiert, denn es hatte die gleiche Form wie das Symbol für männlich, das heißt, ein Kreis mit einem nach rechts oben strebenden Pfeil: ♂. In der Kreisfläche des Logos befanden sich ein kleiner Globus und daneben der Schriftzug „Century 21 Exposition“. Das sollte anscheinend zum Ausdruck bringen, dass der Mensch von der Erde nun ins

Weltall strebte. Aber offenbar war damit nur die männliche Hälfte der Menschheit gemeint. Die andere Hälfte sollte wohl weiterhin die Jobs erledigen, die die Männer ihr zugedacht hatten, also Essen kochen, dreckige Wäsche waschen, das Klo putzen und sich mit dem Nachwuchs herumärgern.

Was haben sich die Leute damals nur dabei gedacht? Haben sie überhaupt nachgedacht? Vermutlich nicht. Wir erinnern uns: 1962, das war, bevor die neue Frauenbewegung auf breiter Front anfing, für mehr Gleichberechtigung zu kämpfen.

Nachdem die Kommission ein passendes Motto formuliert hatte, schaute sie sich nach einem geeigneten Gelände um. Sie fand schließlich ein 11 Hektar großes Stück Land, das der Stadt gehörte und knapp zwei Meilen nördlich der City lag. Außerdem gelang es ihr, namhafte Firmen wie Boeing und Ford als Zugpferde für die Ausstellung zu gewinnen. Aber eine Sache fehlte noch. Allerdings nicht mehr lange, denn bald kam Edward Carlson von seiner Deutschlandreise zurück, mit einer Papierserviette in der Tasche.

Wahrhaft futuristisch

Als Carlson wieder in Seattle war, traf er sich mit Jim Douglas, dem Verantwortlichen für den Bau des Veranstaltungsgeländes. „Unsere Weltausstellung braucht ein markantes, unverwechselbares Symbol“, erläuterte Carlson ihm. Mit leuchtenden Augen begann er zu schwärmen: „Ein Wahrzeichen wie ein alles überragender Leuchtturm, der in die Welt hinausstrahlt und Besuchern aus aller Herren Länder den Weg zur Perle am Pazifik weist.“

Douglas lachte. „Das muss aber ein starkes Leuchtfeuer sein."

Carlson ließ sich nicht beirren und breitete die weiße Serviette mit seiner Zeichnung auf dem Tisch aus. „So, Douglas, das ist meine Idee: ein Turm mit einem Restaurant in luftiger Höhe. Man kann dort gepflegt essen und dabei einen atemberaubenden Ausblick genießen, auf unsere schöne Stadt, den Puget Sound, den Mount Rainier, die Olympic Mountains ..."

Douglas erkannte das Potenzial, das in der simplen Skizze steckte und nahm Kontakt mit dem Architekten John Graham auf. Der war in Fachkreisen bereits berühmt, denn er hatte das erste Einkaufszentrum der Welt entworfen, die Northgate Mall in Seattle. „Ein Aussichtsturm für das Weltraumzeitalter?", sagte Graham. „Da hätte ich eine Idee ..." Er griff nach dem Zeichenstift, und bald entstand auf dem Papier eine fliegende Untertasse, die auf einer Turmspitze balancierte. In der fliegenden Untertasse sollte das Restaurant untergebracht werden. Der besondere Clou aber war, dass es sich drehen konnte.

Als er den Entwurf zu Gesicht bekam, konnte sich Edward Carlson einen triumphierenden Ausruf nicht verkneifen. „Tja, ihr lieben Leute in Stuttgart, sowas Feines habt ihr nicht!"

Ein zweiter Architekt, Victor Steinbrueck, der als Berater für Grahams Firma arbeitete, verpasste dem Bauwerk eine schlanke Taille, indem er die tragende Säule zu einem filigranen Gerüst in der Form einer Sanduhr weiterentwickelte.

Auf dem Reißbrett sah das Resultat all dieser Ideen wahrhaft futuristisch aus, und schon bald hatte das Wunderwerk der Architektur seinen Namen weg: Space

Needle, die Weltraumnadel. Für den Bau wurde eine Gesellschaft namens Pentagram Corporation gegründet, die Finanzierung durch private Investoren war gesichert, und eigentlich hätte man jetzt den ersten Spatenstich in Angriff nehmen können.

Doch die Monate gingen ins Land, und es kam das Jahr 1961. Von dem Turm war bisher nicht einmal eine Baugrube zu sehen, dabei sollte die Weltausstellung bereits im Frühjahr des darauffolgenden Jahres eröffnet werden. Was um alles in der Welt war das Problem?

Kaum zu glauben, aber wahr: Auf dem Veranstaltungsgelände gab es kein freies Grundstück mehr, das die Gesellschaft hätte ankaufen können. Erst in der letzten Minute fand sich noch ein Viereck, 37 mal 37 Meter groß, man musste nur ein paar Gerätschaften woandershin schaffen. Endlich, endlich konnten die Bagger anrollen. In ganz Seattle breitete sich eine Welle der Erleichterung aus.

Und dann ging alles ganz schnell. Blitzschnell, für ein Bauprojekt dieser Art. Auf der Baustelle wuselten rund um die Uhr Scharen von Bauarbeitern herum. Damit die Space Needle erdbebensicher stehen konnte, musste ein gut neun Meter tiefes Fundament gegossen werden. Kolonnen von insgesamt 467 Betonmischfahrzeugen kamen angefahren und kippten ihre Ladung innerhalb von nur zwölf Stunden in die Baugrube. Von da an wuchs die Stahlkonstruktion Stück für Stück in die Höhe. So mancher Bewohner von Seattle schaute täglich an der Baustelle vorbei, um den Fortschritt zu begutachten. Und der war beeindruckend!

Innerhalb der sagenhaften Rekordzeit von nur 400 Tagen wurde der komplette Turm in seiner vollen Höhe von 184,41 Metern fertiggestellt. Just in time, einen Tag vor der Eröffnung, bauten die Techniker die letzte Aufzugskabine ein.

Am 21. April 1962 öffnete die Century 21 Exposition ihre Tore. Sechs Monate lang strömten Besucher aus der ganzen Welt herbei, um in den Ausstellungspavillons einen staunenden Blick in die Zukunft zu tun. Als größter Publikumsmagnet aber erwies sich die Space Needle. Tag für Tag transportierten ihre Aufzüge fast 20 000 Menschen zu den Aussichtsplattformen.

An der Schlussveranstaltung am 21. Oktober sollte auch Präsident John F. Kennedy teilnehmen, doch seine Assistentin rief an und sagte, Mr. President sei bedauerlicherweise verhindert, er leide an einer schweren Erkältung. Später kam heraus, dass Kennedy gerade in jenen Tagen damit beschäftigt gewesen war, die Kubakrise zu managen und einen dritten Weltkrieg zu verhindern.

Die Weltraumnadel ist genau das geworden, was Edward Carlson sich vorgestellt hatte: ein markantes, unverwechselbares Wahrzeichen, die Krone der Skyline von Seattle.

Am 1. April 1989 brachte ein lokaler Fernsehsender die Nachricht, die Space Needle sei umgefallen. Dazu zeigte man Bilder, wie der Turm auf der Seite lag, inmitten von Schutt und Trümmern. Und obwohl unten auf dem Bildschirm ein Spruchband lief mit dem Hinweis auf den 1. April, bekam das Personal der Space Needle über 700 Anrufe von besorgten Bürgern, und auch die 911-Notrufnummer war stundenlang blockiert. Der Sender hatte seine liebe Mühe, die Leute davon zu überzeugen, dass es sich um einen Aprilscherz handelte.

Am Eröffnungstag im April 1962 saß Carlson mit seiner Frau im langsam rotierenden Restaurant der fliegenden Untertasse. Über den blauen Bergen in der Ferne ging die Sonne unter, und Seattle erstrahlte im goldenen Licht des Abends.

„Wunderschön", sagte Carlson zu seiner Frau, mit einem Ausdruck größter Zufriedenheit im Gesicht, „viel schöner als in Stuttgart."

Space Needle, 400 Broad Street, Seattle
www.spaceneedle.com

4 Gold! Gold! Gold! – Glänzende Aussichten für Seattle

Als John Nordstrom die Zeitung vom 17. Juli 1897 vor sich auf dem Frühstückstisch ausbreitete, sprang ihm eine fette Schlagzeile ins Auge: „Gold! Gold! Gold! Gold! Achtundsechzig reiche Männer auf dem Dampfschiff *Portland* ...“ Augenblicklich vergaß der junge Mann alles, worauf er sich eben noch gefreut hatte, die appetitlich duftenden Spiegeleier auf seinem Teller, den heißen Kaffee, den knusprigen Toast. Stattdessen vertiefte er sich in den Artikel des *Seattle Post-Intelligencer.*

Hoch oben im Norden, am Klondike River im kanadischen Yukon Territory, hatte man Gold entdeckt – nicht nur ein paar Körnchen, sondern ganz dicke Nuggets! Erst vor wenigen Tagen war in San Francisco der Dampfer *Excelsior* eingetroffen, mit einer goldglänzenden Ladung aus den Klondike-Goldfeldern. Zeitungsreporter hatten Wind davon bekommen, dass auch in Seattle ein Schiff mit erfolgreichen Goldgräbern an Bord landen sollte, das Dampfschiff *Portland.* Sofort charterte der *Seattle Post-Intelligencer* ein Boot und schickte es der Portland entgegen, um früher als alle anderen Zeitungen über die Einzelheiten der sensationellen Goldfunde berichten zu können.

„Mensch, hör dir das mal an!“, sagte John zu seinem Freund, der mit ihm am Tisch in der kleinen Pension saß, wo sie nach einem vergnüglichen Samstagabend übernachtet hatten. Die Herberge befand sich in Arlington, einem Städtchen nördlich von Seattle. „Auf dem Schiff soll sich das Gold nur so stapeln, schreiben sie hier. Viele der Passagiere haben Gold im Wert von mehr als 5 000

Dollar gefunden, und einige Glückspilze sogar im Wert von über 100 000 Dollar!" Johns Augen begannen zu glänzen. „Das ist die Chance – ich werde auch Goldsucher! Kommst du mit?"

Sein Freund nahm einen Schluck Kaffee, dann schüttelte er bedächtig den Kopf. „Nee, du, das ist nichts für mich. Die Gegend da oben ist die meiste Zeit von Eis und Schnee bedeckt, und wenn das Zeug dann endlich mal geschmolzen ist, kommen riesige Mückenschwärme und stürzen sich auf dich."

John aber, gepackt von Goldfieber und Abenteuerlust, bestieg noch am selben Nachmittag einen Zug nach Seattle, um von dort zum Klondike zu reisen.

Nicht, dass es in seinem Leben bisher an Abenteuern gefehlt hatte. John stammte aus Luleå in Nordschweden, wo er 1871 als Johan Wilhelm Nordström auf die Welt gekommen war. Schon als Kind musste er auf dem Bauernhof der Familie arbeiten wie ein Mann, die Schule besuchte er nur wenige Jahre. Als er sechzehn war, beschloss er, in Amerika sein Glück zu suchen. Von New York aus arbeitete er sich quer über den Kontinent nach Westen, mit Jobs in Bergwerken, im Eisenbahnbau und in Holzfällercamps. Erst kurz zuvor hatte er sich von seinen mageren Ersparnissen ein kleines Stück Land in der Nähe von Arlington gekauft, um dort Kartoffeln anzubauen. Aber wen interessierte ein schnöder Kartoffelacker, wenn in der Ferne die Goldfelder lockten!

Eine Tonne Gepäck pro Person

Die Nachricht in der Zeitung löste im Hafen von Seattle einen Massenandrang aus. Goldsucher und Glücksritter strömten herbei, um eine Schiffspassage zu buchen. Der

Hotspot des Goldrauschs befand sich in Dawson City, einem Ort, der an der Mündung des Klondike in den Yukon River lag und gerade erst angefangen hatte zu existieren. In diese abgelegene, menschenleere Wildnis aber führten weder Straßen noch Schienenwege.

Blieb als einzige Möglichkeit die Anreise über das Wasser. Wer das nötige Geld besaß, nahm die „Route des reichen Mannes“, die von Seattle bis weit hinauf nach St. Michael in Alaska führte und von dort über den Yukon nach Dawson City. Von den über hunderttausend Menschen, die sich im Zuge des Goldrauschs in Bewegung setzten, konnten jedoch nur wenige tausend das teure Ticket bezahlen.

Die allermeisten Goldsucher ließen sich per Schiff von Seattle nach Skagway oder Dyea im Süden von Alaska bringen. Dort aber endete jede noch so bescheidene Bequemlichkeit, denn nun galt es, die Boundary Range, das Grenzgebirge zwischen Alaska und der kanadischen Provinz British Columbia, zu überwinden, und zwar zu Fuß. Dabei hatten die Abenteurer die Qual der Wahl zwischen zwei gleichermaßen beschwerlichen Gebirgspässen, dem White Pass und dem Chilkoot Pass. Und egal, für welche Höllentour man sich entschied, man wünschte sich, die andere gewählt zu haben.

Zurück zu John Nordstrom. Der hatte sich im Hafen von Seattle in eine endlose Schlange von Leuten eingereiht, die alle ein Schiffsticket kaufen wollten. Während er geduldig wartete, traf er zwei Kumpels, die er von früheren Jobs kannte, und sie beschlossen, zu dritt weiterzuziehen. Zusammen gelang es ihnen, Fahrkarten für einen ehemaligen Kohlenfrachter, die *Willamette*, zu ergattern, der in einer Woche in See stechen sollte.

„Zu dumm, diese Wartezeit!“, schimpfte einer der Männer. „In der Zwischenzeit werden unsere Konkurrenten einen Claim nach dem anderen leerräumen.“

„Ach was“, entgegnete John, „wir können die Zeit gut gebrauchen. Schließlich müssen wir noch jede Menge Ausrüstung und Vorräte einkaufen.“

Tatsächlich verlangte die kanadische Regierung, dass jeder Goldsucher Proviant für ein ganzes Jahr mit sich führte, da es im Yukon Territory schlichtweg nichts zu kaufen gab. Jedenfalls nicht genug, dass es für Heerscharen von hungrigen Goldgräbern gereicht hätte. Ein Jahresvorrat an Lebensmitteln umfasste schon eine halbe Tonne Gepäck, hinzu kamen ein Zelt, Planen, Decken, robuste Kleidung, Kochgeschirr, Werkzeug, Utensilien zum Goldwaschen und zahlreiche andere notwendige Dinge, was die Last noch einmal verdoppelte.

Hinter der Bestimmung der Regierung steckte nicht nur reine Fürsorge. Denn oben auf den Pässen am Grenzübergang warteten schon die „Mounties“, die Beamten der königlichen berittenen Polizei, und die knöpften den Reisenden für alle in den USA gekauften Waren Zoll ab. Allein zwischen Februar und Juni 1898 nahmen die Mounties auf diese Weise 174 000 Dollar ein, was einer heutigen Summe von 4,9 Millionen Dollar entsprechen würde.

Alle Wege führen nach Seattle

Obwohl der Ort des Geschehens 2 000 Meilen entfernt lag, hätte der Stadt Seattle nichts Besseres passieren können als dieser Goldrausch. Denn während die Schürfer einem ungewissen Glück am Klondike entgegenströmten, tat sich für die Geschäftswelt der Stadt eine ganz andere und sehr handfeste Goldgrube auf.

Unter der Leitung eines Mannes namens Erastus Brainerd startete die örtliche Handelskammer im August 1897 eine großangelegte Marketingkampagne, um Seattle als Tor zum Klondike zu positionieren. Brainerd richtete ein Informationsbüro für die Goldsucher ein, schaltete Anzeigen in den Zeitungen des ganzen Landes und ließ den *Seattle Post-Intelligencer* 115 000 Exemplare einer Klondike-Extraausgabe drucken. Die schickte er landesweit an Postämter und Zeitungen, Bibliotheken und Bahnhöfe, Bürgermeister und Stadträte. Bald war jedem Goldsucher klar, dass für seine Reise kein anderer Startpunkt als Seattle in Frage kam.

Die örtlichen Geschäfte wetteiferten darin, sich den Kunden als Top-Ausrüster anzupreisen. Ein Goldgräber-Neuling hatte keine Ahnung, was man unterwegs so brauchte? Kein Problem, die Händler wussten es. Die meisten Dinge hatten sie vorrätig, den Rest konnten sie innerhalb kürzester Zeit beschaffen. Palmer Bros. in der 2nd Avenue zum Beispiel hängte eine lange Liste aus, die alles enthielt, was ein Reisender in Sachen Gold benötigte. Da konnte gar nichts mehr schiefgehen. Und die Unbedarften bekamen für gutes Geld noch so manches angedreht, was sich später als überflüssig erwies.

Durch geschickte Lobbyarbeit in Washington, D.C., sorgte Brainerd außerdem dafür, dass die US-Regierung in Seattle ein Assay Office eröffnete. Bei dieser staatlichen Agentur konnten die Goldgräber auf der Rückreise ihr gefundenes Gold in Bargeld umtauschen lassen. Und was lag näher, als die ersten Scheine gleich vor Ort auszugeben?

Seattle konnte diesen wirtschaftlichen Aufschwung gut gebrauchen. Im Jahr 1889 hatte ein Feuer große Teile der Stadt zerstört. Auf den Brand folgte ein Bauboom, der aber bald zum Stillstand kam, denn im Jahr 1893 setzte eine landesweite Wirtschaftskrise ein, die sich gerade in Seattle verheerend auswirkte. Die Grundstückspreise fielen rapide, Banken mussten schließen, Geschäfte gingen pleite, und zahlreiche Menschen verloren ihre Jobs. Unter diesen Umständen kam der Goldrausch wie gerufen.

Goldgräber wie Ameisen

Die Maschinen der *Willamette* stampften schwer, als der Frachter völlig überladen vom Pier in der Elliott Bay ablegte. An Bord befanden sich 1 200 Menschen mitsamt ihrem umfangreichen Gepäck, außerdem je 600 Pferde und Maultiere. Dennoch erreichte das Schiff nach vier Tagen ohne Zwischenfälle den Hafen von Skagway.

John und seine Kameraden entschieden sich für die Route über den Chilkoot Pass. Sie führten drei Packpferde mit sich, und jeder von ihnen trug einen großen, schweren Rucksack, dennoch konnten sie nicht das gesamte Gepäck auf einmal transportieren. So brachten sie jeden Tag einen Teil davon zehn Meilen weit, um dann umzukehren und die Strecke mit leeren Händen wieder zurückzulaufen.

Bilder aus dieser Zeit lassen den Treck der Goldsucher, der sich den Trail emporzieht, wie eine lange Ameisenstraße aussehen. Der schmale Pfad war extrem steil, steinig und rutschig, also das Gegenteil von einem bequemen Wanderweg. John und seine Begleiter brauchten dreißig Tage, bis sie mit Sack und Pack endlich die Passhöhe erklommen hatten. Als sie oben ankamen, hörte der Schneeregen plötzlich auf. Die Sonne lugte hinter den Wolken hervor, und unten im Tal schimmerte in leuchtendem Türkis der Lake Bennett, ihr nächstes Etappenziel.

Dort würden sie sich ein Boot bauen, um über den See und den Yukon River nach Dawson City zu gelangen.

Trotz zahlreicher Hindernisse und Schwierigkeiten, die sich den drei Männern unterwegs entgegenstellten, schafften sie es tatsächlich bis zu den Goldfeldern. Zunächst arbeitete John ein ganzes Jahr lang für andere Goldschürfer, dann aber nahm er seine Ersparnisse und investierte gemeinsam mit zwei anderen Partnern in einen eigenen Claim. Kaum hatte er die ersten verheißungsvollen Spuren von Gold gefunden, da braute sich Unheil zusammen. John erfuhr, dass seine Rechte an dem Claim angefochten wurden, und es drohte ein Verfahren.

Oh-oh, das riecht nach Ärger, dachte er, denn einen Prozess konnte er sich nicht leisten. Doch dann kam ihm das Glück zu Hilfe. Während er gerade dabei war, mit Hacke und Schaufel den steinigen, gefrorenen Boden zu bearbeiten, sprach ihn ein anderer Goldgräber an, einer von denen, die sich nicht selbst die Hände schmutzig machen mussten. „Ganz schön mühsam, was? Ich würde ihnen den Claim abkaufen, Nordstrom, und Sie sind auf einen Schlag um 30 000 Dollar reicher. Was halten Sie davon?“

John zögerte keine Sekunde und ließ sich auf den Deal ein. Nachdem er seine Partner ausgezahlt hatte, denen jeweils ein kleinerer Teil der Summe zustand, kehrte er mit 13 000 Dollar (entsprechend einem heutigen Wert von knapp 370 000 Dollar) nach Seattle zurück. Dort blieb er und investierte seinen neu erworbenen Reichtum klug. Er kaufte Grundstücke, baute Häuser, und im Jahr 1901 eröffnete er gemeinsam mit seinem Geschäftspartner Carl Wallin ein Schuhgeschäft.

Nordstrom – der Name sagt Ihnen was, weil Sie gerne über amerikanische Shoppingmeilen bummeln? Dann ahnen Sie jetzt sicher, was sich aus dem kleinen Schuhladen von einst entwickelt hat: die bekannte Kaufhauskette Nordstrom, Top-Adresse für Luxusmode, Schmuck und Accessoires.

Klondike Gold Rush National Historical Park, 319 2nd Avenue South, Seattle
www.nps.gov/klse

Nordstrom Flagship Store: 500 Pine Street, Seattle

5 Das Herz von Seattle – der Pike Place Market

Am 17. August 1907 drängen sich am Pike Place hunderte von Frauen. Der Himmel ist bedeckt, und bald entladen sich die grauen Wolken in einem heftigen Platzregen. Dennoch harren die Frauen aus. Was tun sie hier? Ist das eine Demonstration?

Auf den ersten Blick handelt es sich um ein ganz normales Alltagsgeschehen. Ein paar Bauern aus der Umgebung sind mit vollbeladenen Wagen und Karren an diesen Ort gekommen, um ihr selbst angebautes Obst und Gemüse zu verkaufen. Die Frauen reißen ihnen Kohlköpfe, Karotten, Kartoffeln und dergleichen regelrecht aus den Händen und stopfen sich damit die Einkaufskörbe voll. Sie schubsen einander sogar beiseite, um auch ja an die begehrte Ware zu kommen! Denn wer zu zögerlich ist, geht leer aus. Innerhalb kürzester Zeit sind Wagen und Karren komplett leer, und auf den Ladeflächen findet sich nicht einmal mehr ein welkes Salatblatt.

Also keine Demonstration – aber eine kleine Revolution! In diesen Jahren wird die Stadt zwar von rund 3 000 Bauern mit Obst und Gemüse, Milchprodukten, Eiern und Fleisch versorgt. Ihre Erzeugnisse haben sie jedoch an die „commission houses“ abzuliefern, Zwischenhändler, die an der Western Avenue in der Nähe des Pioneer Square residieren. Und die kontrollieren für ganz Seattle das Geschäft mit Kohlkopf und Co. Die Produkte, die sie für wenig Geld von den Bauern bekommen, verkaufen sie anschließend mit einem satten Aufschlag an Lebensmittelgeschäfte und Restaurants weiter. Von diesem lukrativen

Handel lässt sich prächtig leben! Das Nachsehen haben außer den Erzeugern auch die Frauen, die von ihrem meist knappen Haushaltsgeld überteuerte Waren kaufen müssen.

So jedenfalls hat das System bisher funktioniert. Aber jetzt, liebe Zwischenhändler, sind die Tage gezählt, wo ihr Kartoffeln in dicke Dollarbündel verwandeln könnt! Denn heute findet der allererste Markttag der Stadt Seattle statt, und zwar ohne euch! Selber schuld, denn schließlich habt ihr nur allzu oft eure Lieferanten über den Tisch gezogen und die Kunden abgezockt.

Die Beschwerden über die Zwischenhändler, die ihre Schlüsselposition in der Grünzeugbranche weidlich ausnutzen, häufen sich, und der allgemeine Unmut wird öffentlich. Auf Initiative von Stadtrat Thomas Revelle beschließt die Stadt Seattle, einen Bauernmarkt einzurichten.

Viel ist dazu nicht nötig: Die Behörden lassen eine Straße namens Pike Place mit Holzplanken ausgelegen, damit Käufer und Verkäufer nicht im Matsch versinken, legen fest, dass der Markt täglich außer sonntags geöffnet sein soll, und deklarieren den 17. August als ersten Markttag. Den Rest regeln Angebot und Nachfrage.

Noch geben die Zwischenhändler nicht auf. Sie drohen allen Bauern, die ihre Ware frei verkaufen, mit Boykott. Deshalb trauen sich am ersten Tag nur acht Bauern auf den Marktplatz. Doch täglich werden es mehr, und schon am darauffolgenden Samstag lenken über siebzig Bauern ihre Fuhrwerke zum Pike Place Market.

Die Ware, die sie anbieten, ist ein Fest für die Augen: leuchtend gelbe Kürbisse, prachtvolle Tomaten, sattgrüne Salatköpfe, knackige Karotten, saftige Kirschen, dazu kleine Körbchen mit Himbeeren und Blaubeeren. Milch,

Eier, Butter, Käse und Fleisch machen das Angebot komplett. Die Zwischenhändler auf der Western Avenue können einpacken. Und tschüss!

An einem dieser Tage schlenderte auch der Immobilienentwickler Frank Goodwin über den Markt. Es regnete mal wieder, und das schon seit Stunden. Der Dauerregen drang durch alle Kleidungsschichten, die Bauern waren mittlerweile triefnass und ebenso ihre Kunden, die an den Verkaufsständen Schlange standen.

Goodwin schlug den Kragen seines Mantels hoch und zog sich den Hut tief ins Gesicht. „Was für ein Schmuddelwetter", murmelte er. „Die Leute können einem wirklich leidtun."

Erst vor kurzem war er von den Klondike-Goldfeldern zurückgekommen, mit Gold im Wert von 50 000 Dollar. Für Goldgruben hatte er einen Riecher. Und so kam ihm plötzlich eine glänzende Idee, wie er seinen neuen Reichtum gewinnbringend investieren könnte: Er würde eine Markthalle bauen, die Verkäufer und Kunden vor Wind und Wetter schützte.

In geradezu atemberaubendem Tempo zog Goodwin das Projekt durch, zusammen mit einer eilends gegründeten Interessengemeinschaft und seinem Bruder John, einem Bauingenieur. Die neue Markthalle mit ihren Arkadengängen bot Platz für 76 Verkaufsstände. Am 30. November 1907 wurde sie eröffnet – keinen Tag zu früh, denn der Spätherbst zeigte sich von seiner schlechtesten Seite und brachte ergiebige Schauer von Schneeregen mit sich.

Zur Einweihung hielt Stadtrat Revelle eine Ansprache: „Der Markt gehört euch. Ich gebe ihn nun in eure Hände, zum eurem Wohl und Nutzen und dem der nachfolgenden Generationen. Ihr sollt ihn bewahren, schützen und verteidigen, und es ist eure Aufgabe, dafür zu sorgen, dass diejenigen, die hier ihre Geschäfte tätigen, euch fair behandeln." Er schloss mit den Worten: „Dies ist einer der bedeutendsten Tage in der Geschichte von Seattle."

Uns Europäern mag so viel Feierlichkeit übertrieben erscheinen. Ein Markt, wo Erzeuger ihre Waren direkt anbieten können – na, und? So was gibt's bei uns in fast jeder Stadt, ob open air oder überdacht, und das seit ewigen Zeiten. Doch offenbar ist diese Tradition nicht über den Großen Teich gelangt. In Seattle jedenfalls galt der Bauernmarkt im Jahr 1907 als großes Novum und wichtige Errungenschaft.

Weil die Nachfrage immer weiter stieg, wurden in den darauffolgenden Jahren noch weitere Marktgebäude errichtet. Eines davon war der „Sanitary Public Market", was wörtlich übersetzt „hygienischer öffentlicher Markt" bedeutet. Tatsächlich ging es dort hygienischer zu als in den anderen Hallen, weil Pferde draußen bleiben mussten. Der Name hat die Zeiten überdauert, auch wenn heute kein Bauer mehr mit dem Pferdefuhrwerk kommt.

Der Pike Place Market entwickelte sich zu einer verschachtelten und für Fremde unübersichtlichen Ansammlung von Markthallen, Verkaufsbuden, kleinen Restaurants und Läden, die sich über mehrere Ebenen erstreckt.

Rettet den Markt!

Im dynamischen 20. Jahrhundert ist der Markt von Seattle, der ja mitten in einer Großstadt liegt und nicht in einer verträumten ländlichen Idylle, auch ein Spiegel der Zeitgeschichte.

Im Jahr 1921 heckte der Rat der Stadt einen Plan aus, den ganzen Bauernmarkt in einen neuen unterirdischen

Einkaufskomplex im Stadtteil Westlake abzuschieben, weil die Verkaufsstände und Karren auf dem Pike Place dem zunehmenden Autoverkehr im Weg waren. Doch die Marktleute stellten sich geschlossen gegen diesen Plan, und der Vorschlag wurde mit nur einer Stimme Mehrheit im Stadtrat abgelehnt.

Die Prohibition, das landesweite Alkoholverbot in den Jahren 1920 bis 1933, bescherte dem Markt einen zusätzlichen Umsatz, weil die Kunden nun besonders gerne Fruchtsaft kauften. Der ließ sich nämlich mithilfe von etwas Backhefe leicht zum Gären bringen und auf diese Weise in Obstwein verwandeln. Auch die Große Depression, die auf den Börsencrash im Oktober 1929 folgte, steckte der Markt gut weg, gab es hier doch die billigsten Lebensmittel zu kaufen.

Dann aber dann kam der Angriff auf Pearl Harbor, der Überfall der japanischen Marinestreitkräfte auf die US-amerikanische Pazifikflotte im Dezember 1941. Wie konnte sich dieses weit entfernte Geschehen auf den Pike Place Market auswirken?

Fast achtzig Prozent der Verkaufsstände wurden von japanischstämmigen Amerikanern und Immigranten betrieben. Diese Leute hatten bisher fleißig ihre Felder und Gärten draußen vor der Stadt bewirtschaftet, doch auf einmal unterstellte man ihnen finsterste Sabotageabsichten. Im ganzen Land kochten antijapanische Emotionen hoch. Die US-Regierung ließ alle Japaner, die an der Westküste lebten, mitsamt ihren Familien in entfernt gelegene Internierungslager bringen. Diese Maßnahme betraf auch gebürtige Amerikaner japanischer Abstammung.

Auf dem Pike Place Market herrschte auf einmal gespenstische Leere, und die Kunden mussten mit leeren Einkaufstaschen wieder nach Hause gehen. Keine Erdbeeren mehr von Mr. Fukui, keine Gurken und Tomaten mehr von der netten Familie Yamamoto.

Nach dem Zweiten Weltkrieg begann in Seattle der Wind des Fortschritts zu wehen. Um die Stadt herum entstanden Vororte und mit ihnen große Supermärkte, die bequem mit dem Auto zu erreichen waren. Der Markt mit seinem Gewirr von schäbigen alten Gebäuden erschien nun hoffnungslos unmodern. „Ein Schandfleck für die Stadt", sagten viele Leute abfällig. In der Nachbarschaft wuchsen Hochhäuser aus Beton und Glas in die Höhe, das Filetstück am Pike Place gewann zunehmend an Wert und weckte Begehrlichkeiten.

In den sechziger Jahren schließlich erwog die Stadt ernsthaft, Abrissbagger und Planierraupen zu bestellen. Doch da trat ein Mann namens Victor Steinbrueck auf den Plan und gedachte genau das zu tun, was Thomas Revelle den Bürgern einst ans Herz gelegt hatte: den Markt zu bewahren, zu schützen und zu verteidigen.

Der junge Architekt gründete eine Initiative mit dem Namen „Friends of the Market" und setzte alle Hebel in Bewegung, um den Markt zu retten. Der jahrelange Kampf endete in einem großen Triumph: Im Jahr 1971 erhielt der Pike Place Market den Status eines „Historical District". Nun galt er als historisch bedeutsamer und damit schützenwerter Ort. Im Laufe der siebziger Jahre wurden alle Marktgebäude nach den alten Plänen liebevoll restauriert und renoviert.

Fliegende Fische

Am Pike Place Market schlägt das Herz von Seattle, laut, bunt und voller Leben. Menschen jeder Herkunft und aller Hautfarben wuseln durcheinander, Marktschreier preisen lauthals ihre Ware an, aus den kleinen Restaurants dringen verheißungsvolle Düfte. Verkauft werden die gleichen Waren wie vor hundert Jahren, hinzugekommen sind Blumen, Kunsthandwerk – und fliegende Fische.

In den achtziger Jahren geriet der Fischmarkt, der seit 1930 am Pike Place seine Verkaufsstände hat, in eine Krise. Die Geschäfte liefen schlecht. Da fasste der Betreiber zusammen mit seinen Angestellten den Entschluss, nicht nur die drohende Insolvenz abzuwenden, sondern den Fischmarkt zu einer großen Attraktion zu machen. Und genau das gelang ihnen auch. Die Fischverkäufer werfen die Fische gekonnt in hohem Bogen zwischen sich hin und her, machen Späße mit den Kunden und Zuschauern, und alle haben Freude an den Show-Einlagen. Das „Fish Throwing" ist mittlerweile im ganzen Land bekannt.

Der Pike Place Market steht heute besser da als je zuvor. Die Pläne für seinen Abriss vergilben in den Schubladen der Behörden, wenn sie nicht schon längst im Papierschredder verschwunden sind. Stattdessen wird erweitert. Im Sommer 2017 wurde ein neuer Gebäudekomplex eröffnet, genannt MarketFront, weil dieser Teil nahe der „Waterfront" liegt, der Wasserseite. Von der Aussichtsterrasse haben die Besucher einen herrlichen Blick auf den Puget Sound und die Berggipfel in der Ferne.

Jahrzehntelang hatten die Stadtplaner dem zunehmenden Autoverkehr mehrspurige Straßen spendiert und die wertvollen Grundstücke dazwischen den Immobilienentwicklern überlassen. Bis sie eines Tages aufwachten und feststellen mussten, wie unwirtlich doch solche städtischen Räume sind. Wer will sich schon zwischen verstopften Straßen und glänzenden Hochhausfassaden aufhalten? Laut, langweilig, schlechte Luft – nichts wie weg.

Auf einmal sieht man den über hundert Jahre alten Pike Place Market in einem ganz anderen Licht. War er vorher nur geduldet, weil er ein Teil der Stadtgeschichte ist, so erscheint er nun als Gegenentwurf zur kalten Nüchternheit der Moderne, als zukunftsweisendes Beispiel für eine lebendige urbane Kultur.

Was früher als Anachronismus galt, ist heute Avantgarde. So ändern sich die Zeiten.

Das berühmte Schild „Public Market Center“ mit der großen Uhr befindet sich an der Ecke Pike Place und Pike Street.

www.pikeplacemarket.org

6 Und dann kam Rachel – das Maskottchen vom Pike Place Market

Man kann es regelrecht grunzen hören, das Schwein, das da an prominenter Stelle im Pike Place Market steht. Es sieht freundlich aus, so, als würde es lächeln, und ein kleines Mädchen, das gerade vorbeikommt, bleibt stehen und streicht ihm über den Rüssel.

Das Mädchen zupft die Mutter am Ärmel. „Mom, können wir nicht ..." Die Mutter nickt und holt ihr Portemonnaie aus der Einkaufstasche. Sie nimmt ein paar Münzen heraus und gibt sie ihrer Tochter. Im nächsten Moment macht es pling-pling-pling, die Münzen sind durch einen Schlitz im Schwein gefallen, denn – es handelt sich um ein Sparschwein. Und was für eins!

Das Borstentier vom Pike Place Market heißt Rachel und besteht aus Bronze. Die Skulptur wirkt in ihrer Größe und Form völlig naturgetreu, nur die rosa Farbe fehlt. Bronzene Klauenabdrücke auf dem Boden vor der Markthalle weisen den Weg, so dass man das Schwein gar nicht verfehlen kann.

Aufgestellt wurde die Figur von der Pike Place Market Foundation. Die Stiftung wurde 1982 gegründet und hat für die Menschen, die in diesem Viertel arbeiten und wohnen, einen Sozialdienst aufgebaut. Sie kümmert sich um Wohnungsbeschaffung und Gesundheitsfürsorge, unterhält eine Kindertagesstätte und eine Einrichtung für Senioren, und auch sonst bietet sie in jeder Weise Unterstützung an, wenn jemand sie braucht. Seitdem ist der Pike Place Market nicht nur ein städtischer Marktplatz, sondern auch ein soziales Projekt. Und das Schwein wirkt beim

„Fundraising“ mit, dem Beschaffen von Spenden für einen guten Zweck.

Die Marktbesucher sollten völlig unkompliziert und im Vorbeigehen spenden können, das war die Voraussetzung. Und außerdem sollte es Spaß machen. Schnell war die Idee von einem Riesensparschwein als Sympathieträger geboren. Die Stiftung nahm Kontakt auf mit der Bildhauerin Georgia Gerber, die auf Whidbey Island lebt, einer Insel am Nordende des Puget Sound, und Georgia sagte sofort zu.

„Bei uns in der Nachbarschaft gab es ein riesiges Schwein namens Rachel“, erzählte sie später. „Es war ein Familienhaustier, und jeder in der Gegend kannte es. Dieses Schwein wurde das Vorbild für meine Skulptur.“

Außerdem, und das sollte nicht unerwähnt bleiben, war Rachel eine preisgekrönte Sau; auf dem großen Jahrmarkt der Insel hatte sie 1985 als bestes Schwein ihrer Gewichtsklasse abgeschnitten.

Es war gleich klar, dass man das Sparschwein auf den Namen seines Vorbilds taufen würde. Seit 1986 steht Rachel nun auf ihrem Betonfundament am Pike Place und treibt freundlich lächelnd Spenden ein, rund 10 000 Dollar im Jahr, die die Stiftung gut gebrauchen kann. Jeden Abend, wenn die letzten Besucher gegangen sind, wird das Schwein geleert, und die Tageseinnahmen wandern auf die Bank. Ein nächtlicher Überfall wäre also völlig zwecklos.

Im Februar des Jahres 2011 spielte sich ein Drama ab. Ein unaufmerksamer Taxifahrer rammte Rachel mit seinem Fahrzeug und verletzte sie schwer! „Unser Schwein ist krank“, sagten die Marktleute traurig. Rachel musste nach Whidbey Island reisen, damit Mama Georgia sie in ihrer Werkstatt wieder gesund machen konnte. Die ganze Stadt war froh, als ihr geliebtes Sparschwein nach sechs Wochen Abwesenheit endlich wieder an seinen Arbeitsplatz zurückkehren durfte. Auf einem alten Farmlastwagen drehte Rachel eine Runde durch Downtown Seattle, wo sie von all ihren Anhängern begeistert begrüßt wurde.

Als Rachel 25 Jahre alt wurde, zog ihre Kusine Billie nach Seattle, um beim Spendensammeln zu helfen. Billie ist ein sitzendes Schwein. Auch sie kommt aus der Bildhauerwerkstatt von Georgia Gerber, ihr Standort befindet sich am neuen MarketFront-Gebäude.

Die Stiftung betreibt einen wunderbar verspielten Kult mit den Schweinen. Sie lässt sich immer wieder neue Aktionen einfallen und sorgt auf diese Weise für Aufmerksamkeit und einen Zuwachs an Spenden. So bekam Georgia Gerber 2015 von ihren Schweine-Girls einen der sogenannten „Market Charms" zum Muttertag geschenkt. Medienwirksam natürlich, damit jeder erfuhr, dass man sich diese silberglänzenden Anhänger gegen eine großzügige Spende mit einer personalisierten Inschrift versehen lassen kann.

Die Plättchen werden anschließend nicht verschickt, sondern dekorativ an dem Zaun angebracht, der den Market-Front-Platz begrenzt. Hier entsteht dann so manches Selfie, wenn die Leute sich mit ihrem persönlichen Market Charm fotografieren.

Rachel hat dem Pike Place Market ein Gesicht gegeben. Mit ihrer imposanten Figur und ihrem Lächeln gewann sie die Herzen der Bürger. Der Markt ohne Schwein? Undenkbar! Ebenso undenkbar wäre Seattle ohne seinen Markt, der inzwischen eines der Top-Ten-Ziele für Touristen darstellt. Und natürlich wäre kein Bummel über den Markt vollständig, wenn der Weg nicht auch an dem charmanten Riesensparschwein vorbeiführen würde.

Seit über dreißig Jahren nun arbeitet Rachel zuverlässig als Sparschwein, Maskottchen und Glücksbringer für das Projekt Pike Place Market. Sie macht ihre Sache wirklich gut. Schweine bringen eben Glück.

Rachel ist unter dem Schild „Public Market Center" mit der großen Uhr zu finden, Ecke Pike Place und Pike Street.
www.pikeplacemarketfoundation.org

7 Ein himmlischer Duft – das Kaffeeimperium von Starbucks

Der Kaffeehimmel hat eine Adresse: 1124 Pike Street. Gerade eben habe ich die hohe Holztür aufgezogen und bin in die himmlischen Gefilde eingetreten. Ein unvergleichlicher Duft dringt an meine Nase, der Duft jenes Lebenselixiers, das in dieser Stadt zu Hause ist wie nirgendwo sonst auf der Welt.

Während ich noch dabei bin, die vielen Eindrücke aufzunehmen, kommt ein Engel in brauner Schürze auf mich zugeschwebt. Er trägt ein Tablett mit kleinen Becherchen und fragt mich: „Möchtest du mal unseren neuen Sommerkaffee probieren, den Paradeisi Blend No. III?“

Ich starre den Engel, ein junges weibliches Wesen, verzückt an. Und ob ich will! Ich nehme ein Becherchen, nippe an dem herrlichen goldbraunen Inhalt und konzentriere mich aufs Schmecken. Irgendwie blumig, finde ich, und probiere ein zweites Mal. Ein wenig Zitrone, stelle ich fest, und dann noch ein ganz leichter Hauch von Johannisbeere. Paradiesisch, wie der Name!

Okay, das war jetzt gemogelt. So genau kann ich Geschmacksrichtungen nämlich gar nicht wahrnehmen. Aber der Engel hat mir die Eigenschaften dieser Kaffeesorte freundlicherweise erklärt.

Im Kaffeehimmel spielen die Engel nicht Harfe, sondern bedienen ganz andere Instrumente. Statt der Harfenklänge erfüllt ein sanftes Dröhnen die Luft, es kommt von den Maschinen der Rösterei. Da sind einmal die Trommelröster, die die getrockneten grünen Samen der Kaffeebeeren in dunkle, aromatische Kaffeebohnen verwandeln.

Die wandern dann anschließend in große runde Kühlsiebe, wo sie durch beständiges Durchrühren und mithilfe kalter Luft abgekühlt werden.

Starbucks Reserve Roastery & Tasting Room, so lautet der vollständige Name dieses duftenden Himmelreichs. Es handelt sich dabei um eine Kombination aus Rösterei, Coffee Shop und Restaurant. Und um ein Meisterwerk schönen Designs! Durchgehende Fensterfronten, die Einrichtung aus poliertem Holz und viel Glas, und selbst die nüchternen Maschinen sind wahre Schmuckstücke, in leuchtendem Kupferblech oder edlem, matt glänzendem Schwarz. Dazu, sehr authentisch, neben der Treppe eine Palette mit Jutesäcken, gefüllt mit rohen Bohnen. Gleich werden sie in einer der Rösttrommeln verschwinden.

Die Botschaft dieses Ambientes: Triff dich hier mit deinen Freunden, genieße in schöner Atmosphäre einen einzigartigen Kaffee und lerne ganz nebenbei, wie dein Lieblingsgetränk entsteht.

Die Location an der Pike Street ist ganz dem gehobenen Genuss gewidmet. Hier bietet man in begrenzten Mengen immer wieder neue und ganz besondere Kaffeesorten aus kleinen Anbaugebieten an. Der Paradeisi Blend No. III zum Beispiel stammt von verschiedenen kleinen Kaffeefeldern im Osten Afrikas.

Starbucks Reserve ist als eigene Marke registriert. Weil hier ein feinerer Duft in der Luft liegt, herrscht in diesen Räumen nicht das Logo der bekannten grünweißen Meerjungfrau, sondern ein dezenteres, edleres Markenzeichen auf holzbraunem Grund: ein Stern mit einem großen R darunter. Und die Angestellten tragen keine grünen Schürzen, sondern braune.

Die Starbucks Reserve Roastery ist 2014 in das geräumige weiße Eckgebäude im Stadtteil Capitol Hill eingezogen. Früher einmal sind an diesem Standort Luxusautos verkauft worden, danach folgte ein Geschäft für Künstlerbedarf, bis 2012 schließlich ein Schild im Fenster verkündete: Zu vermieten.

Die Denkmalschutzbehörde Historic Seattle freute sich, dass Starbucks alles daransetzte, den Charakter des fast hundert Jahre alten Gebäudes zu erhalten, innen wie außen, und würdigte das Ergebnis mit einem Preis. Anteil daran hat ein Team von über dreißig Architekten, Designern, Ingenieuren und weiteren Fachleuten.

Die Geburt der zweischwänzigen Nixe

Es war die Zeit der sechziger Jahre, als die junge Generation gegen das Establishment protestierte und den gleichförmigen „American way of life“ ablehnte, der den Alltag von Millionen von Menschen zwischen Ost- und Westküste bestimmte.

Diese Millionen tranken alle den gleichen Kaffee, ein phantasieloses, billiges Massenprodukt, eine dünne Plörre ohne Geschmack und Charakter. Bei den kritisch denkenden jungen Leuten hatte das Gebräu keinen guten Ruf. „Kaffee ist altmodisch. So was trinken nur alte Leute, Geschäftsmänner und geschwätzige Hausfrauen“, so lautete ihr abfälliges Urteil.

„Zeit für etwas Besseres“, fanden Jerry Baldwin, Zev Siegl und Gordon Bowker. Die drei jungen Männer kannten sich von ihrer Studienzeit in San Francisco und waren gemeinsam durch Europa gereist, wo sie eine ganz andere Kaffeekultur kennengelernt hatten. Inzwischen lebten sie in Seattle, verdienten Geld mit verschiedenen Jobs, und eines Tages kamen sie auf den Gedanken, ein eigenes Business auf die Beine zu stellen, wo hochwertige Kaffeebohnen geröstet und verkauft werden sollten. Die Rohware wollten sie von dem Kaffeehändler Peet's Coffee and Tea beziehen. Nun fehlte nur noch ein Name für das neue Unternehmen.

„Wörter, die mit ‚st' beginnen, haben besonders viel Ausdruckskraft", meinte Bowker, der Kreativste von den dreien.

Eifrig erstellten sie lange Listen mit entsprechenden Wörtern. Und dann plötzlich war die Idee da.

„Starbucks!", rief Bowker.

„Starbuck? So heißt doch der erste Steuermann auf dem Schiff in *Moby Dick*." Baldwin arbeitete als Englischlehrer und kannte sich aus. Er runzelte die Stirn. „Ich seh' da aber gar keinen Zusammenhang mit Kaffee."

„Ich auch nicht", sagte Bowker fröhlich, „aber das Wort ist super."

In den ersten Jahren verkaufte Starbucks ausschließlich frisch geröstete Kaffeebohnen und schenkte noch keinen Kaffee aus. Der wurde nur in kleinen Mengen aufgebrüht, damit die Kunden die verschiedenen Sorten probieren konnten. Das erste Geschäft öffnete 1971 an der Western Avenue seine Türen, später zog es an den Pike Place um. Dort steht es bis heute und zieht Kaffeepilger aus aller Welt an.

Und nur in diesem Coffee Shop kann man noch das Starbucks-Logo aus den Anfangsjahren sehen: eine weiß auf braun gezeichnete barbusige Meerjungfrau, die gleich zwei Fischschwänze ihr Eigen nennt und eine Krone auf dem lockigen Haar trägt.

Im Laufe der Jahre wurde das Logo immer stärker stilisiert, und zwar nicht nur aus Gründen des Designs, wie man vermutet, denn ein nackter Busen ist im puritanischen Amerika nicht gerne gesehen. Deshalb verdeckten in der zweiten, jetzt grünweißen Version die langen Locken der Fischdame die Brüste. Wieder ein paar Jahre später verschwand außerdem ihr Bauchnabel aus dem Bild, und seit 2011 ist ein Logo in Gebrauch, das nur noch die Meerjungfrau zeigt, und zwar ohne den Schriftzug „Starbucks Coffee“. Die Nixe wird weltweit mit der Kaffeekette assoziiert, da muss man den Firmennamen gar nicht mehr erwähnen.

Die drei Gründer hatten es nicht eilig, ihr Unternehmen zu erweitern, und konnten bis 1982 gerade einmal vier Filialen in Seattle vorweisen. In jenem Jahr stellten sie einen Mann namens Howard Schultz als Marketingleiter ein – ein entscheidender Wendepunkt in der Firmengeschichte, aber das ahnte damals noch niemand.

Schultz war 1953 in Brooklyn, New York, zur Welt gekommen. Er stammte aus ärmlichen Verhältnissen und war der erste in seiner Familie mit einer Collegeausbildung. Nach seinem Abschluss arbeitete er im Verkauf und Marketing verschiedener Firmen, wo er sich rasch hocharbeitete.

Während seiner Kundenbesuche lernte er auch die Starbucks-Läden kennen. Was für ein wunderbarer Kaffeeduft! Frisch gerösteten, hochwertigen Kaffee zu verkaufen, das ist ein vielversprechendes Konzept, dachte er, gerade in der heutigen Zeit, wo die Leute anfangen, mehr auf Qualität zu achten. Es könnte Spaß machen, für dieses Unternehmen zu arbeiten, überlegte er dann und bekundete der Firmenleitung sein Interesse. Und so kam es schließlich dazu, dass man ihm die Verantwortung für das Marketing übertrug.

Auf einer Geschäftsreise nach Mailand staunte Schultz über die zahlreichen Kaffeebars, die es fast an jeder Ecke gab. Dort trafen sich die Leute aus der Nachbarschaft, tauschten Neuigkeiten aus, gestikulierten und lachten, und dabei tranken sie allerfeinsten Espresso aus winzigen Tässchen. Oder so wunderbare Kreationen wie Cappuccino und Caffè Latte.

Schultz war begeistert. Genau so stellte er sich die Zukunft von Starbucks vor! Der Coffee Shop als Teil der Alltagskultur, wo man sich zwanglos in behaglicher Atmosphäre treffen und hochwertigen Kaffee genießen konnte. Wenn so etwas in Italien möglich war, warum nicht auch in Amerika?

Seine Bosse in Seattle allerdings hatten wenig Neigung, ins Restaurantgeschäft einzusteigen. Dann eben nicht, dachte Schultz und eröffnete eine eigene Kaffeebar, die er „Il Giornale" nannte, nach der großen Mailänder Tageszeitung. Baldwin, Siegl und Bowker dagegen entwickelten schon bald andere Pläne. 1984 übernahmen sie die Firma ihres Lieferanten, Peet‘s Coffee and Tea, und drei Jahre später verkündeten sie, dass sie das Starbucks-Business mit seinen inzwischen sechs Läden loswerden wollten.

Howard Schultz wusste, wie man Gelegenheiten beim Schopf packt. Er kratzte alles Geld zusammen, mobilisierte Investoren und kaufte die Kette mit dem Nixenlogo für 3,8 Millionen Dollar. Und dann startete er durch – zu einem rasanten Eroberungsfeldzug in den USA und rund um den Globus. Mit dem Ergebnis, dass das Starbucks-Imperium-Imperium heute 34 000 Filialen in 80 Ländern umfasst.

Hauptstadt des Kaffees

Sie haben etwas gegen Starbucks? Lehnen die Geschäftspraktiken ab und finden, dass der Kaffee mies schmeckt? In Seattle kein Problem, da gibt es reichlich

Alternativen. Zwar läuft man alle hundert Meter an einem Starbucks-Café vorbei, aber ebenso auch an den Coffee Shops und Kaffeebars der Konkurrenz.

Bei unserem Stadtbummel kommen wir an einem alten Bekannten vorbei, Peet's Coffee and Tea, unter dem Dach von Specialty's Bakery & Café. Außerdem an Tully's Coffee, Seattle Coffee Works, Fonté Coffee Roaster, Joelle's Espresso Café, Caffè Migliore – ich könnte die Aufzählung beliebig fortsetzen. Zu erwähnen wäre noch Zeitgeist Coffee gegenüber dem Museum vom Klondike Gold Rush, der Laden gilt als kultig, aber uns war die Schlange zu lang und der Geräuschpegel zu hoch.

Die Bevölkerung von Seattle kann also in Koffein schwimmen. Wie hat sich Seattle zur US-Hauptstadt des Kaffees entwickelt? Sicher spielt der Hafen dabei eine wichtige Rolle. Wo Rohkaffee angeliefert wird, sind die Kaffeehändler nicht weit, und in deren Umkreis wiederum siedeln sich die Röstereien an. Die Röstereien müssen sowieso Kaffee kochen, damit die Kunden die Sorten probieren können, und dann bietet es sich ja an, gleich einen richtigen Coffee Shop zu betreiben.

Als in den sechziger Jahren die Gegenkultur von San Francisco nach Norden Richtung Seattle schwappte, waren Baldwin, Siegl und Bowker nicht die einzigen, die sich vom langweiligen Alltagsgetränk der Eltern verabschieden wollten. Zum neuen Denken passte ein neuer Kaffee, und den hatte man ja schon während der letzten Rucksacktour durch Europa kennen und schätzen gelernt. Vielleicht arbeiteten die jungen Leute als Studenten bei den großen Akteuren der neuen Kaffeekultur oder fanden dort ihren ersten richtigen Job, und dann nutzte der eine oder andere sein neu erworbenes Know-how, um einen eigenen Coffee Shop zu eröffnen.

Dass die Nachfrage hoch ist, liegt vielleicht auch am Regen, der in Seattle so reichlich vom Himmel kommt. Da flüchtet man sich gerne in ein Café, holt sich einen Becher Kaffee in der Größe eines mittleren Putzeimers, klappt den Laptop auf und richtet sich für die nächsten Stunden gemütlich ein.

All diese Faktoren führten dazu, dass in Seattle eine vielfältige Kaffeekultur aufblühen konnte.

Und Howard Schultz, was macht der heute? Schultz zog sich Juni 2018 komplett aus dem Unternehmen zurück. Als Executive Chairman hatte er sich zuletzt um die Weiterentwicklung der Edelmarke Starbucks Reserve gekümmert.

Das Unternehmen will seinen Marktanteil im „Artisanal Coffee Movement" ausbauen, einem aktuellen Trend, der Kaffee auf die gleiche Stufe wie Wein hebt und das bewusste Genießen seltener, erlesener Sorten propagiert.

Und damit wären wir wieder im Kaffeehimmel angelangt. Das grünweiße Logo ist in der schönen Rösterei zwar nicht präsent, doch über dem Eingangsportal wacht die zweischwänzige Nixe aus den Gründerjahren, als Relief gestaltet. Auf ihrem Gesicht liegt ein leichtes Lächeln. Ich glaube, es gefällt ihr, die Kaffeegenießer kommen und gehen zu sehen.

Starbucks Reserve Roastery & Tasting Room, 1124 Pike Street, Seattle
www.starbucksreserve.com

Erstes Starbucks-Café: 1912 Pike Place, Seattle

Starbucks World Headquarters: Starbucks Center, 2401 Utah Ave S., Seattle
www.starbucks.com

8 Das Monster in der Tiefe – die Riesenkraken im Puget Sound

An einem schönen Sommerabend ging der fünfzehnjährige Douglas am Strand von Tacoma spazieren, zusammen mit einem Mädchen, das ihm sehr gefiel. Sie sprachen darüber, was so in der Highschool passierte und welche Musik sie am liebsten hörten.

Plötzlich reckte sich vor ihnen ein riesiger Arm aus den Meereswellen, bewehrt mit hunderten von Saugnäpfen. Douglas und seine Freundin blieben wie angewurzelt stehen und starrten den Arm an, der mehrere Meter in die Höhe ragte. Als sich die Spitze des Arms bedrohlich in ihre Richtung neigte, rannten die beiden Teenager schreiend davon.

„Wir haben ein Monster gesehen“, erzählte Douglas zu Hause, noch immer ganz erschrocken, „es wollte uns angreifen!“

Offenbar waren die beiden einem Pazifischen Riesenoktopus zu nahegekommen, und das Tier hatte geglaubt, sich verteidigen zu müssen.

Der Riesenoktopus lebt in den Küstengebieten des Nordpazifiks, und besonders gut gefällt es ihm anscheinend im Puget Sound, trotz des lebhaften Schiffsverkehrs und dessen Begleiterscheinungen.

Der Puget Sound ist eine verzweigte Angelegenheit. Auf der Karte sieht es aus, als würde der Pazifik, der durch die Strait of Juan de Fuca nach Osten vordringt, an der Kante des Kontinents beschließen, mal versuchsweise ein paar lange krumme Arme nach Süden auszustrecken. Auf der östlichen Seite des Puget Sound dehnt sich von Norden nach Süden der dicht besiedelte Großraum Seattle aus, mit seinen großen und kleinen Städten.

Benannt wurde dieses Gewirr von Meeresarmen nach Peter Puget, einem Offizier der Royal Navy auf der Discovery, dem Schiff des Entdeckers George Vancouver. Puget hatte eine kleine Expedition geleitet, die im Mai 1792 mit zwei Ruderbooten tief in die Meerenge vordrang, um deren Besonderheiten zu erforschen und zu kartieren.

Ob Puget auch einen Riesenkraken zu Gesicht bekam? Gruselig, sich vorzustellen, wie neben seinem Boot auf einmal ein langer, schleimiger Arm voller Saugnäpfe auftauchte, sich um einen der Ruderer legte und diesen mit sich in die Tiefe zog. Aber das läge dem Pazifischen Riesenoktopus fern, denn er ist im Großen und Ganzen ein friedliebendes Tier.

Doch genau solche Phantasien bewegten die Leute zu einer Zeit, als die Unterwasserwelt noch ein geheimnisvolles, kaum erforschtes Reich war. Begierig verschlangen die Zeitungsleser die Sensationsmeldung, wenn es in dicken Schlagzeilen hieß: „Riesenoktopus im Puget Sound gesichtet!" So als wäre in Schottland mal wieder das Ungeheuer von Loch Ness aufgetaucht.

Bis irgendwann die Freizeittaucher kamen und anfingen, die Welt unter Wasser zu entzaubern. Sie erzählten, dass im Puget Sound jede Menge von diesen Riesenviechern lebten.

Alien mit Intelligenz

Die Tiere haben beeindruckende Ausmaße. Die größten von ihnen würden, wenn sie die Arme zu allen Seiten ausstreckten, einen Durchmesser von bis zu 9,5 Metern erreichen. Damit mögen sie zwar bedrohlich wirken, aber harte

Kerle sind sie nicht, so ganz ohne Knochengerüst. Allerdings auch keine Weicheier, da sie zu 90 Prozent aus Muskelmasse bestehen – davon können Bodybuilder nur träumen.

Das fehlende Skelett ermöglicht es dem Oktopus, sich in die kleinsten Öffnungen zu zwängen. Passen die Augen durch, wird auch der Rest passend gemacht.

Mit der Fähigkeit, ihre Form beliebig zu verändern, erinnern die Kraken an die Barbapapas aus der Trickfilmserie, die in den siebziger Jahren begann. Barbapapa und seine Familienmitglieder konnten jede Form annehmen, je nachdem, was gerade gebraucht wurde. Vielleicht hat sich der Erfinder der Figuren diese Eigenschaft ja bei den Oktopussen abgeschaut.

Den Riesenkraken wird eine Intelligenz zugeschrieben, die sich sonst nur bei Wirbeltieren findet. Biologen, die mit gefangenen Tieren arbeiten, um ihr Verhalten zu erforschen, geben ihnen Namen. Jedes von ihnen, so sagen sie, habe eine eigene Persönlichkeit.

Forscher und Tierpfleger müssen gut auf ihre Schützlinge aufpassen, denn der Oktopus ist ein Ausbrecherkönig. In den Aquarien von Forschungslabors oder Zoos entwickelt er eine unglaubliche Geschicklichkeit, aus seinem Gefängnis zu entkommen. Bei Nacht, wenn keiner schaut, kann es vorkommen, dass er den Deckel des Wasserbehälters hochstemmt, die Verriegelung öffnet und aus dem Wasser klettert. Leider endet eine solche Flucht nicht selten tödlich.

Als ich so einem Riesenkraken einmal gegenüberstand, nur durch die dünne Glaswand eines Aquariums von ihm getrennt, da fühlte ich mich aus seinen zwei Augen aufmerksam betrachtet. Dieser Blick war nicht stumpf oder gleichgültig, oh nein, ich wurde von diesem Alien regelrecht taxiert. Erst fand ich es unheimlich, dann war es, als würde sich zwischen uns ein Erkennen abspielen, und plötzlich hätte ich ihm am liebsten in aller Freundschaft seinen Krakenarm geschüttelt.

Der Besitzer des Arms hätte dann gleich die Gelegenheit genutzt, mich mit seinen Saugnäpfen gründlich abzutasten und abzuschmecken. Auch als Krake will man ja wissen, mit wem man es zu tun hat. An jedem Arm hat der Riesenoktopus etwa 250 von diesen hochempfindlichen Sensoren, bei acht Armen kommt er also auf 2000 Stück. Die Saugnäpfe sammeln unablässig Informationen und leiten sie zur Verarbeitung blitzschnell an das Gehirn weiter.

Die Gehirnzentrale hat ihren Platz neben den Organen im Kopf des Kraken – auch wenn mich dieser Kopf eher an die Knollennase eines Cartoon-Männchens erinnert. Die Zentrale ist für den Job aber nicht alleine zuständig, denn in den acht Armen arbeiten die Unterabteilungen des Krakenhirns. Da hat sich die Evolution eine besonders effiziente Art der Datenverarbeitung ausgedacht.

Wir glauben ja, so große Tiere müssten eine besonders hohe Lebenserwartung haben, doch der Riesenoktopus tut schon nach drei bis fünf Jahren seinen letzten Atemzug. Vorher aber wird noch die Nachfolge gesichert. Das Weibchen legt um die hunderttausend winzige Eier und kümmert sich liebevoll um ihr Gelege, bis der Nachwuchs schlüpft. Warum so viele? Traurig, aber wahr: Mama Oktopus produziert in erster Linie Fischfutter. Nur wenige der Kleinen schaffen es, den hungrigen Fischmäulern zu entgehen und sich zu erwachsenen Kraken zu entwickeln.

Vielleicht können wir froh sein, dass die Oktopusse nicht so lange leben. Und dass sie auf das Element Wasser angewiesen sind. Sonst würden diese intelligenten Tiere sich womöglich als ernsthafte Konkurrenz für die Gattung Mensch erweisen.

Die galoppierende Gertie

Im Puget Sound gibt es sieben Schutzgebiete für die Riesenoktopusse, wo Taucher sie gut beobachten können. Der Lieblingsplatz der Tiere aber soll sich unter der Tacoma Narrows Bridge befinden. Diese Brücke überquert als Teil des Highway 16 The Narrows, einen Seitenarm des Puget Sound bei der Stadt Tacoma.

Als das Bauwerk am 1. Juli 1940 eröffnet wurde, hoben die Honoratioren in ihren Reden hervor, dass man hier mit 853 Metern Spannweite die drittgrößte Hängebrücke der Welt gebaut habe, mit einer eleganten Architektur, die ihresgleichen suche. Auch die Presse überschlug sich mit Lobeshymnen auf die schöne schlanke Brücke. Dieses Meisterwerk der Ingenieurskunst brauche den Vergleich mit der Golden Gate Bridge nicht zu scheuen!

Vier Monate später, am 7. November 1940, krachte ein Teil der Fahrbahn ins Meer. Wie hatte das passieren können? Nun, die Brücke war ein wenig zu schlank geraten, mit nur einer Fahrspur pro Richtung und einem Gehweg auf beiden Seiten. Und man hatte nicht mit den Seitenwinden gerechnet. Selbst bei einer Wetterlage, die man kaum als stürmisch bezeichnen würde, kam die Fahrbahn gefährlich ins Schwanken. Sie schwang nicht nur zur Seite, sondern vollführte auch starke wellenförmige Bewegungen. Man fühlte sich wie auf einem Schiff bei hohem Seegang.

Schnell hatte die Brücke in Tacoma ihren Namen weg: „Galloping Gertie“ – galoppierende Gertie. Viele Leute mieden die Brücke und nahmen lieber große Umwege in

Kauf, als sich mit ihren Autos auf diese Buckelpiste zu wagen. Andere dagegen stürzten sich ins Vergnügen und genossen den Adrenalinkick. Schließlich aber wurde die Brücke für den Verkehr gesperrt. Die Ingenieure sollten nun erst einmal herausfinden, wie man sie sicherer machen konnte.

An jenem 7. November trieb es Gertie mal wieder besonders wild. Plötzlich riss eine der dicken Stahltrossen, ein Teil der Fahrbahn brach ab und verschwand mit einem gigantischen Platsch in den Fluten. Glücklicherweise kam dabei kein Mensch ums Leben. Allerdings, und das fanden alle sehr traurig, ein kleiner Cockerspaniel. Er saß in dem Auto, das einer der Sachverständigen, die das Bauwerk überwachten, oben auf der Fahrbahn abgestellt hatte.

Jahre später wuchs auf den Fundamenten der alten Brücke eine neue Konstruktion in die Höhe, ebenso elegant, doch wesentlich stabiler. Am 14. Oktober 1950 wurde sie der Öffentlichkeit übergeben, wobei die Reden der Honoratioren diesmal deutlich weniger enthusiastisch ausfielen. Und als das verschlafene Nest Tacoma sich zur Großstadt gemausert hatte und der Verkehr immer weiter zunahm, da baute man einfach eine zweite Brücke neben die erste, und die ist nun seit 2007 in Betrieb. Seitdem gibt es für jede Fahrtrichtung eine eigene Brücke.

Das Bauwerk ist imposant und schön anzusehen – aber was gefällt den Riesenoktopussen an der Tacoma Narrows Bridge? Bestimmt nicht die elegante Architektur. Nein, es ist die alte Brücke, die für sie interessant ist, oder vielmehr der Teil, der sich auf dem Meeresgrund befindet. Die unterseeische Schrotthalde bietet nämlich jede Menge gute Verstecke, und so etwas braucht man als Oktopus, um nicht als Mahlzeit von Fressfeinden zu enden.

Die Tiere können sich dort unten ganz ungestört tummeln, denn die Überreste der galoppierenden Gertie wurden 1992 in das „National Register of Historic Places", das landesweite Verzeichnis historischer Stätten, aufgenommen. Und das bedeutet für Souvenirjäger und Schrotthändler: Finger weg von Gertie!

In Tacoma kursiert die Legende, unter der Tacoma Narrows Bridge hause seit langer Zeit König Oktopus, der größte Riesenoktopus aller Zeiten. Das kann nicht stimmen, weil kein Krake älter als fünf Jahre wird, aber wen interessieren bei einer schönen Geschichte schon wissenschaftliche Fakten? Die Leute in Tacoma jedenfalls lieben ihren „King", und inzwischen ist der Mega-Krake zu einem inoffiziellen Maskottchen avanciert. Die Stadt, die ewig im Schatten der großen Schwester Seattle steht, kann eine solche Attraktion gut gebrauchen.

Seattle Aquarium, 1483 Alaskan Way, Pier 59, Seattle
www.seattleaquarium.org

Point Defiance Zoo & Aquarium, 5400 North Pearl Street, Tacoma
www.pdza.org

MaST - Marine Science and Technology Center, 28203 Redondo Beach Drive South, Des Moines
www.seattlesouthside.com/listing/mast-marine-science-and-technology-center/231

9 Der ewige Arbeiter – die Skulptur des Hammering Man

Der große Kerl, muskelbepackt und ganz in schwarz, hebt den Arm, holt mit dem Hammer aus und lässt ihn auf sein Werkstück sinken, regelmäßig, unablässig, in einem monotonen Ablauf. Den ganzen Tag, bis ein Uhr nachts, dann macht er eine Pause. Doch um fünf Uhr morgens, wenn die Stadt, noch eingehüllt in Nebelschwaden, langsam zu erwachen beginnt, legt der Mann mit dem Hammer wieder los. Wird er denn niemals fertig mit seiner Arbeit?

Der „Hammering Man" ist eine Skulptur, geschaffen von dem amerikanischen Künstler Jonathan Borofsky. Mit ihrer monumentalen Höhe von 14,6 Metern beherrscht sie den Platz vor dem Seattle Art Museum.

Über Seattle wölbt sich ein strahlend blauer Himmel. Die freundliche Sommersonne hat viele Menschen nach draußen gelockt, sie genießen ihre Mittagspause, den freien Tag oder ihren Urlaub. Der Hammermann dagegen muss arbeiten. Er lässt sich allerdings Zeit und bewegt sein Werkzeug in einem ganz gemächlichen Rhythmus. Drei Wiederholungen pro Minute, so gibt es der Elektromotor vor, der für die Bewegung sorgt. Und wie es aussieht, scheint der Mann Linkshänder zu sein, denn er greift den Hammer mit der linken Hand, während die rechte das Werkstück hält.

Von Hammerschlägen kann man im Grunde also gar nicht sprechen. Aber darum geht es auch gar nicht. Der Hammering Man, so sagt Borofsky über sein Werk, sei ein Symbol für den Arbeiter in uns allen. Indem er seine Figur den Hammer ununterbrochen nach hinten und vorne schwingen lässt, vom Kopf zur Hand und wieder zurück, will der Künstler zeigen, dass die Menschen Geist und Hände nutzen, um ihre Welt zu erschaffen. Und zwischen Kopf und Hand, sagt Borofsky, da befinde sich das Herz.

Der in den Himmel stürmt

Jonathan Borofsky, der 1942 in Boston, Massachusetts, geboren wurde, lebt und arbeitet heute in Ogunquit, Maine. Den Kunstkritikern hat er es nie leicht gemacht, sein Werk einzuordnen. Der Künstler nahm zwar die Kunstströmungen seiner Zeit auf, Minimalismus, Pop Art oder Konzeptkunst, aber es stecken so viele individuelle Eigenarten in seinem Schaffen, dass er die Kritiker damit verwirrte. Und um sich zu rächen, schrieben sie häufig einen Verriss. Der Künstler schimpfte: „Die Leute haben nicht die leiseste Ahnung, was ich tue – ich weiß es ja selber kaum!“

Für Kunst hatte Borofsky sich schon als Kind interessiert. Im Kunstmuseum von Boston stand er einmal lange vor einem riesigen Gemälde des französischen Postimpressionisten Paul Gauguin, es trug den Titel „Woher kommen wir? Wer sind wir? Wohin gehen wir?“ Es faszinierte den Jungen, dass dieses Bild die gleichen Fragen stellte wie er selbst. Philosophie, Psychologie, Spiritualität, das sollten später die Elemente sein, die immer wieder in sein Werk mit einflossen.

Was den vielseitigen Künstler nicht daran hinderte, sich während einer Phase Ende der sechziger Jahre ganz den Zahlen zu verschreiben. Jeden Tag hockte er stundenlang in seinem Studio und notierte emsig Zahlenkolonnen aufs Papier, einmal, um sich die Zeit zu vertreiben, vor allem aber auch, um das Wirrwarr seiner Gedanken zu bändigen. Zwischendrin kam ihm gelegentlich eine Idee für ein Bild, und bald ging er dazu über, diesen Werken Zahlen zuzuordnen, statt sie mit seinem Namen zu signieren.

Auf diese Weise sammelte er einen meterhohen Stapel von Papierbögen an, die über und über mit Zahlen bedeckt waren. Bis zu der Zahl 2 346 505, dann war Schluss. Das Kunstwerk, das sich aus diesem Stapel und allen dazugehörigen Bildern zusammensetzte, nannte er „Counting“ – Zählen.

Als Borofsky ein Kind war, erzählte sein Vater ihm oft Geschichten. Die Lieblingsgeschichte des kleinen Jungen handelte von einem freundlichen Riesen, der im Himmel wohnte und Gutes für die Menschen bewirkte. Vater und Sohn dachten sich aus, sie würden den Riesen besuchen und mit ihm darüber sprechen, welche guten Taten sie selbst auf der Erde vollbringen könnten.

Wie man hinauf in den Himmel gelangte, das beschäftigte nicht nur die Phantasie des Kindes, sondern auch die des erwachsenen Künstlers. So zeigen verschiedene seiner Kunstwerke lebensgroße Figuren, die auf langen, schräg aufgestellten Stahlrohren entschlossen Richtung Himmel eilen. Das erste dieser Werke, „Man Walking to the Sky“ entstand 1992 für die Documenta in Kassel. Die Bürger waren von dem „Himmelsstürmer“, wie man ihn nannte, begeistert und sorgten dafür, dass er dauerhaft in Kassel bleiben konnte.

Zahlreiche von Borofskys Werken waren und sind in Galerien und Museen zu bewundern, dort, wo kunstbeflissene Besucher mit dem Katalog in der Hand herumwandern und sachkundige Bemerkungen von sich geben. Dass der Künstler aber auch beim breiten Publikum bekannt ist, liegt an seinen monumentalen Skulpturen, die an belebten Straßen und Plätzen aufgestellt sind. So wie der Hammering Man in Seattle.

Und plötzlich riss der Gurt

Der Hammermann, mit 76 Zentimetern Breite und 18 Zentimetern Tiefe, ist für seine Größe ein schlanker Herr. Er besteht aus Stahl mit einem Hohlraum, der bewegliche Arm dagegen wurde aus Aluminium gefertigt. Damit Wind und Wetter der Skulptur nichts anhaben können, ist sie mit einem Schutzanstrich aus schwarzem Autolack versehen. Insgesamt bringt der Riese ein Gewicht von rund zehn Tonnen auf die Waage.

Wer stellt so einen Koloss eigentlich her? Dass ein Künstler die Idee entwickelt, ist die Voraussetzung, aber irgendeiner muss sie ja dann auch verwirklichen, das heißt, die Idee vom Geist in die Hände übertragen. Im Falle des Hammering Man übernahm die Firma Lippincott in North Haven, Connecticut, diesen Auftrag. Die Leute dort sind darauf spezialisiert, Skulpturen zu bauen und dabei die seltsamsten Sonderwünsche zu erfüllen.

Und wer hat's bezahlt? Für das ganze Projekt flatterte eine Rechnung von 450 000 Dollar ins Haus, so viel kann auch die Stadt Seattle nicht mal eben aus dem Sparschwein holen. An der Finanzierung beteiligt waren verschiedene Organisationen und Stiftungen, hinzu kamen Gelder aus einem Topf, der durch eine städtische Verordnung mit der Bezeichnung „1 Percent for Art" gefüllt wird.

Diese Verordnung sieht vor, dass die Stadt ein Prozent der Summe, die im Haushalt für Verschönerungs- und Verbesserungsprojekte bestimmt ist, für Kunst im öffentlichen Raum abzweigen darf. Und damit konnte man sich einen ordentlich großen Hammering Man von einem der bedeutendsten Skulpturenkünstler des Landes leisten.

Der 28. September 1991 sollte ein bedeutsamer Tag für Seattle werden. Allerdings nicht ganz so, wie die Stadt und ihre Bewohner sich das vorgestellt hatten. Die Skulptur war per Lkw quer über den ganzen Kontinent gereist, vom Hof der Werkstatt an der Ostküste bis vor das Kunstmuseum in Seattle. Und heute endlich würde sie aufgestellt werden. Die Straße war gesperrt, Schaulustige hatten sich eingefunden.

Hinter dem Lkw stand ein Kranwagen mit ausgefahrenem Kran bereit. Arbeiter befestigten Hebegurte an der schweren Skulptur, dann hievte der Kran seine Last Stück für Stück in die Höhe. Der Hammermann pendelte bereits fast aufrecht am Kranausleger, die Leute auf der Straße hielten den Atem an – da plötzlich riss einer der Gurte. Die Figur kam ins Schwanken und tat einen Satz. Panikartig stoben die Menschen zur Seite, um sich in Sicherheit zu bringen.

Glücklich war in diesem Moment nur einer: der Fotograf John Stamets, der sich gegenüber auf dem Dach der berüchtigten Lusty-Lady-Tanzbar positioniert hatte. Er schoss die Fotos seines Lebens.

Die Skulptur war nicht tief gefallen, schätzungsweise 30 Zentimeter. Aber der Schaden reichte aus, dass man sie wieder zurück in die Werkstatt schicken musste. Der arme Hammermann – noch einmal dreitausend Meilen quer durchs Land! Aber ihn fragte ja keiner. Arbeiter werden selten nach ihrer Meinung gefragt.

Es dauerte ein ganzes Jahr, bis die Figur vollständig repariert wieder in Seattle eintraf. Beim zweiten Versuch ging alles glatt. Während die Skulptur aufgestellt wurde, boten geschäftstüchtige Straßenhändler den Schaulustigen

Postkarten an, die Stamets' Bilder von dem missglückten ersten Versuch zeigten. „Kaufen Sie Fotos von dem Crash, nur zwei Dollar fünfzig das Stück!"

Seit diesem Tag hat der Hammering Man seinen Platz vor dem Seattle Art Museum nicht mehr verlassen. Das Symbol für den Arbeiter in uns und die Arbeiterklasse allgemein hämmert unverdrossen vor sich hin. Nur an einem einzigen Tag im Jahr ruht der Arm mit dem Hammer, nämlich am Tag der Arbeit, dem Labour Day, der immer am ersten Montag im September gefeiert wird.

Der Hammering Man in Seattle ist übrigens nicht allein auf der Welt. Ähnliche Skulpturen, größere oder kleinere, hat Borofsky auch für andere Städte errichtet. Die Frankfurter wissen das längst. Denn da ragt vor dem Messeturm eine 21 Meter hohe schwarze Gestalt in den Himmel und tut was? Hämmern natürlich.

Wenn ich das nächste Mal die Buchmesse besuche, werde ich den Mann von seinem Kollegen in Seattle grüßen.

Der Hammering Man befindet sich an der 1st Avenue, Ecke University Street.

10 Schlaflos in Seattle – wo die Hausboote zu Hause sind

Also, ich habe in Seattle immer ganz gut geschlafen, außer morgens an den ersten Tagen nach der Ankunft, wegen der Zeitverschiebung. Aber da gab's vor 25 Jahren diesen attraktiven jungen Witwer, und der konnte hier nicht schlafen, weil er noch sehr um seine Frau trauerte, die er wenige Jahre zuvor verloren hatte. Dabei war er doch mit seinem kleinen Sohn nach Seattle gezogen, um Abstand zu gewinnen.

Eines Tages in der Zeit vor Weihnachten ruft Sohnemann beim lokalen Radiosender an und sagt mit seiner süßen Kinderstimme, dass sein Daddy unbedingt eine neue Frau braucht, weil er immer so traurig ist. Rührend! Danach muss Daddy selbst ans Telefon und kann einfach nicht anders, als die Geschichte seiner vergangenen großen Liebe zu erzählen. Weil das eine sehr nette und hübsche junge Frau hört, kommt Liebesgeschichte Nummer 2 ins Rollen, und nach vielen Irrungen und Wirrungen finden die beiden endlich zueinander, und zwar auf dem Empire State Building in New York.

Die Story ist Fiktion, wie viele wissen, die sich noch an den Film erinnern. *Sleepless in Seattle*, in der deutschen Version *Schlaflos in Seattle*, so hieß die romantische Komödie, die 1993 in die Kinos kam, mit Tom Hanks und Meg Ryan in den Hauptrollen.

Von der Stadt Seattle sieht man als Zuschauer nicht viel. Space Needle taucht mal kurz auf, auch der Pike Place Market, ansonsten spielen sich weite Teile der Handlung in einer Hausbootsiedlung ab, wo der besagte Witwer mit seinem Sohn nun lebt. Könnte ja überall sein, mag derjenige denken, der noch nie in Seattle war – und weiß gar nicht, wie typisch die Hausboote für diese Stadt sind!

Im Gas Works Park am Nordufer des Lake Union rostet eine alte Industrieanlage vor sich hin, in der früher einmal Kohle in Gas verwandelt wurde. Wie ein surreales Kunstwerk erhebt sie sich vor dem blauen Himmel, von grünen Büschen und Bäumen malerisch umrankt und überwuchert, ein Dornröschenschloss des Industriezeitalters. Vom Park aus sahen wir am westlichen Ufer des Sees eine Häusersiedlung, die direkt im Wasser zu liegen schien.

„Ob das wohl die Hausboote sind?“, überlegte ich.

„Ich seh‘ keine Boote“, sagte Peter, „nur Einfamilienhäuser. Erinnern mich irgendwie an große bunte Bauklötze.“

Eine ältere Dame mit hellblonden Haaren, die mit zwei wuscheligen weißen Hündchen unterwegs war, hatte unser Gespräch anscheinend mit angehört. Sie lachte. „Hausboote – das ist die größte Untertreibung, die Seattle zu bieten hat. Wir nennen sie deshalb lieber ‚Floating Homes‘, also schwimmende Häuser.“

„Ja“, nickte ich, „das trifft die Sache schon eher.“

„Das schwimmende Haus von *Schlaflos in Seattle*“, erzählte die Dame eifrig, „hat vor ein paar Jahren für mehr als zwei Millionen Dollar den Besitzer gewechselt, so stand es in der Zeitung. Ein Manager hier aus der Hightech-Industrie soll es als Sommerwohnsitz für seine Familie gekauft haben. Ganz schön viel Geld für 200 Quadratmeter, habe ich so bei mir gedacht. Aber das Haus ist wirklich ein Schmuckstück.“

„Haben Sie damals schon hier gewohnt, als der Film gedreht wurde?“, fragte ich neugierig.

Die Dame schüttelte den Kopf. „Leider nicht. Ich bin im Jahr darauf hergezogen. Zu der Zeit gab's hier wohl eine große Trockenheit, und meine Nachbarin hat mir erzählt, die Filmleute hätten mehrere Tankwagen voll Wasser bestellt, damit sie die Regenszenen drehen konnten. Die Stadt war sehr ungehalten wegen der Wasserverschwendung. Die Aufnahmen innen im Haus sind aber, soweit ich weiß, woanders entstanden."

Die weißen Hündchen hatten einen anderen Hund entdeckt. Jap-jap-jap, bellten sie aufgeregt und zerrten an ihren Leinen. Ihre Besitzerin nahm das zum Anlass, sich zu verabschieden. Sie winkte uns noch einmal zu, dann begab sie sich mit eiligen Schritten in Richtung Parkausgang.

Mietfrei wohnen auf dem Wasser

Das Leben auf dem Hausboot hat in Seattle eine lange Tradition. In den frühen Jahren allerdings konnte von dem Komfort, den die Millionenobjekte am Lake Union heute bieten, noch nicht die Rede sein. Die ersten Hausbootbewohner waren Holzfäller und nicht wohlhabende Unternehmer oder Manager.

Der unermessliche Reichtum an Wald in der Region stellte lange Zeit die wirtschaftliche Grundlage der Stadt dar. Die Gebiete, wo Holz geschlagen wurde, lagen nahe am Wasser, denn nur über die Flüsse und Seen konnten die Holzfäller-Crews dorthin gelangen, und nur über diesen Weg ließen sich die gefällten Baumstämme transportieren. Als Holzfäller musste man mobil sein, und so kamen viele der Arbeiter auf den Gedanken, sich auf ihren Booten ein Schlafquartier zu errichten. Oder sie bauten sich aus alten Brettern einfache Holzhütten, die sie auf Flößen befestigten.

In diesen Behausungen konnte man zudem günstig leben, wenn die Saison für den Holzeinschlag vorüber war, und bald entdeckten auch andere Saisonkräfte die Vorzüge des Wohnens auf dem Wasser. Nicht nur, dass es keine Miete kostete – wo sonst schwamm das Abendessen direkt an der Veranda vorbei und musste nur noch herausgezogen werden? An der Waterfront, am Lake Washington, am Lake Union und am Duwamish River fanden sich ganze Kolonien von Hausbooten zusammen, die wir heute vielleicht als Slums bezeichnen würden.

Dass diese Kolonien in Stadtnähe lagen und gleichzeitig in einer gewissen Entfernung zu den Wohngegenden der wohlanständigen Bürger, diese Kombination machte die Hausboote auch für anderes Volk attraktiv: Künstler und Kreative, Unruhestifter und Radikale und ebenso ein Gesindel, das sein Geld nicht auf ehrliche Weise verdiente.

Die Bürger oben in der Stadt schauten auf die Hausbootbewohner unten am Wasser buchstäblich herab.

„Ungehobelter Pöbel!“, sagten sie abfällig.

„Dieser Schmutz, dieser Mangel an Hygiene!“, ereiferten sich die braven Ehefrauen.

„Ein gesetzloses Nest von Anarchisten und Außenseitern!“, regten sich die Kommunalpolitiker auf.

Und man schärfte den eigenen Kindern ein, sich von den Hausbootleuten fernzuhalten.

Doch auch manche gutbetuchten Bürger stellten sich das Leben auf dem Wasser reizvoll vor, und so entstanden am Lake Washington die ersten auf Flößen gebauten Sommerhäuser, die mit den schwimmenden Baracken des Fußvolks wenig Ähnlichkeit aufwiesen. Und vielleicht waren es diese Häuser, die einige einflussreiche Herren auf eine geniale Idee brachten.

Grundstücke unter Wasser

Im Jahr 1909 wollte die Stadt die Alaska-Yukon-Pacific Exposition ausrichten, eine prestigeträchtige Ausstellung, die Leute aus aller Welt nach Seattle locken sollte. Leider gab es da aber ein kleines Problem mit der Finanzierung. Die Unternehmer der Region zeigten sich spendabel, die Regierung des King County, zu dem Seattle gehört, sagte ebenfalls Gelder zu. Dennoch klaffte eine nicht unerhebliche Lücke im Budget.

Es war bei einer Sitzung des Ausstellungskomitees im Jahr 1907, und hinterher wusste niemand mehr, wie sie auf das Thema überhaupt gekommen waren.

„Irgendwie ist es doch ungerecht", sagte einer der Männer nachdenklich, „wer am Ufer bauen will, muss für teures Geld ein Grundstück kaufen. Die Besitzer der schwimmenden Häuser dagegen sind gut dran, die haben ihre Grundstücke völlig umsonst bekommen."

„Haha, wollen Sie den Leuten vielleicht das Wasser verkaufen, auf dem ihre Häuser dümpeln?", witzelte ein anderer.

„Hey, ich habe eine Idee!", rief der dritte. „Wie wäre es mit Unterwassergrundstücken? Könnte uns eine Menge Geld in die Kasse spülen!" Er warf den Kopf zurück und lachte laut.

Doch plötzlich schauten die Herren einander an, als wäre ihnen soeben ein Licht aufgegangen. „Warum eigentlich nicht?", sprach einer aus, was alle in diesem Moment dachten.

Und das, was ursprünglich als Witz gedacht war, entwickelte sich nun zu einem vollkommen ernst gemeinten Gesetzesvorhaben. In der Rekordzeit von 24 Stunden gelang es den Initiatoren, „State Bill No. 101" durch sämtliche Instanzen zu peitschen. Anschließend wurde ein ufernaher Streifen am Lake Union in Grundstücke unterteilt, die rund 120 Meter in den See ragten, als Bauland ausgewiesen und verkauft.

Aber wer gab damals Geld dafür aus, zig Quadratmeter Seefläche zu erwerben, nur um dort ein Hausboot zu vertäuen?

Tatsächlich meldeten sich jede Menge Interessenten. Zu jener Zeit war bereits ein Kanal im Gespräch, der den Lake Washington mit dem Puget Sound verbinden sollte, und diese Wasserstraße würde durch den kleineren Lake Union, der sehr praktisch zwischen beiden Gewässern lag, verlaufen. So stand also in Aussicht, dass die neuen „Lake Union Shore Lands" Anschluss an die Meere der Welt erhielten, und das machte die Grundstücke sofort wertvoller – auch wenn die Käufer nur ein Häuschen aufs Wasser setzen wollten und gar nicht die Absicht hegten, Richtung Ozean zu schippern.

Mit der auf diese Weise frisch aufgefüllten Kasse konnte man sich nun getrost an die Vorbereitungen für die Ausstellung begeben, und die Alaska-Yukon-Pacific Exposition wurde ein voller Erfolg. Heute erstreckt sich auf dem ehemaligen Ausstellungsgelände ein hügeliger Landschaftspark: der Campus der University of Washington. Und so hat die eigenwillige Geldmittelbeschaffung sogar langfristig einem guten Zweck gedient.

Die Unterwassergrundstücke am Lake Union wurden von einem großen Teil ihrer Eigentümer irgendwann mit Schutt und Erde aufgefüllt, was die Seefläche insgesamt um ein Drittel verkleinerte. Mit festem Boden ließ sich einfach mehr anfangen als mit schwappenden Wellen.

Während der Weltwirtschaftskrise in den dreißiger Jahren, als sich viele Arbeitslose in den billigen Behausungen auf dem Wasser drängten, gab es in Seattle um die 2 500 Hausboote oder schwimmende Häuser. Im Laufe der Jahrzehnte erwies sich die Stadt als launische Gebieterin: Mal duldete sie die Kolonien, mal sagte sie ihnen den Kampf an, um sie zu verkleinern oder sogar ganz zu verbieten. Die Hausbootbesitzer reagierten auf die ständige Bedrohung ihrer Lebensweise, indem sie 1962 die Seattle Floating Homes Association gründeten, die seitdem ihre Interessen vertritt.

Den Wildwuchs an den städtischen Gestaden hat man inzwischen geordnet und geregelt. Am Lake Washington sind die schwimmenden Häuser verboten, am Lake Union reihen sich an den verschiedenen Piers rund 500 Wasserdomizile auf. Von einem Schandfleck haben sie sich zu einer begehrten Wohnadresse gewandelt – und seit dem Film *Schlaflos in Seattle* auch zu einer Touristenattraktion.

Nur als Ferienhäuser zur Kurzzeitmiete sind die Hausboote nicht zu haben, denn das ist laut den Statuten nicht erlaubt. Schade.

Schlaflose Nächte muss man in Seattle trotzdem nicht haben, außer ... Aber da wären wir wieder am Anfang dieser Geschichte.

Das berühmte Hausboot hat die Adresse 2450 Westlake Avenue North, Seattle. Es ist am besten vom Wasser aus zu sehen.

11 Die Mutter der Flüsse – der Mount Rainier National Park

Streifenhörnchen huschten über die Straße, als wir uns den Cascade Mountains näherten. Eines von ihnen blieb mitten auf der Fahrbahn sitzen und schaute seelenruhig zu, wie wir heranrollten und schließlich anhielten. He, Leute, schien es zu sagen, das ist unser Reich, ihr seid hier nur geduldet! Es konnte sich seine entspannte Haltung erlauben, denn auf dieser gewundenen Nebenstrecke war nicht viel los. Schon eine ganze Weile hatten wir kein anderes Auto mehr gesehen.

Dem Hörnchen wurde seine Straßenblockade bald zu langweilig. Es rannte zu seinen Kumpels auf der anderen Straßenseite, und wir durften weiterfahren. Bald darauf erreichten wir den White Pass, der auf 1 373 Meter Höhe liegt, und nur ein paar Minuten später, hinter einer Rechtskurve, erblickten wir ihn: seine Majestät, den Mount Rainier.

Wir steuerten die nächste Parkbucht an, stiegen aus – und dann standen wir da, andächtig und voller Staunen, bezaubert von seiner Schönheit. Der Mount Rainier war in einen glitzernden Umhang aus Schnee gehüllt. Am unteren Ende des Umhangs, in der Region der Baumgrenze, kräuselte sich eine Borte aus hellgrauen Nebelschwaden, wie mit einem dicken Pinsel gemalt. Der Gipfel mit der abgeflachten Spitze erhob sich so weit in den blauen Himmel, als wäre dort oben die Heimstatt der Götter.

Die magische Stimmung, die ich empfand, sollte sich den ganzen Tag über halten. Der Mount Rainier National

Park ist eine Welt voller Wunder! Wir wollten diese Wunder beim Wandern erfahren und suchten uns einen Trail aus, der zu einem Wasserfall führte, den Silver Falls. Der ursprüngliche Wald, durch den wir liefen, zeigte sich als Lebensgemeinschaft im kreativen Chaos, wir sahen Bäume in allen Stadien des Werdens und Vergehens. Einige Jungspunde waren auf die Idee verfallen, sich einen alten Baumstumpf als Starthilfe für ein hoffentlich langes Baumleben auszusuchen und streckten ihre Wurzeln aus erhöhter Position in den dunklen, feuchten Waldboden.

Die ganze Zeit über begleitete uns munter plätschernd der leuchtend türkisfarbene Ohanapecosh River, der aus dem Schmelzwasser des gleichnamigen Gletschers gespeist wird. Ohanapecosh, was für ein zauberhafter Name – ob einst eine Indianerprinzessin so geheißen hatte? Aber ganz so märchenhaft war's dann doch nicht. Das Wort stammt aus der Sprache der Indianer und bedeutet „klares Wasser, tief blau", was ja passen würde, doch eine andere Quelle behauptet, es bedeute „am Ufer stehen". Da gefiel mir meine Idee mit der Indianerprinzessin aber besser.

Am anderen Ende des Rundwegs stürzte sich der Fluss weiß schäumend über die Felsen und bildete auf diese Weise einen prächtigen Wasserfall.

Wir verlängerten den Weg mit einem Abstecher zum nächsten Wunder, das wir über eine Hängebrücke erreichten: den „Grove of the Patriarchs". Auf einer Insel zwischen zwei Flussarmen streckten uralte Baumgiganten ihre Äste in die Höhe, über tausend Jahre alte Douglasien, Hemlocktannen und Riesenlebensbäume. Es war eine Stimmung wie in einer Kathedrale, und unwillkürlich redeten wir nur noch im Flüsterton miteinander. Diese Überlebenskünstler hatten bereits als zarte Stämmchen existiert, als in Europa noch die Wikinger auf Raubzug gingen!

Und dann landeten wir im Paradies. Wir waren der Stevens Canyon Road gefolgt, die sich von Südosten her immer weiter den Berg hinaufschraubt. Grüne Wiesen mit üppig blühenden Wildblumen wechselten sich ab mit in der Sonne glänzenden Schneefeldern – kein Wunder, dass man diese Gegend „Paradise“ nannte!

Wir durften im Paradies verweilen, denn wir hatten ein Zimmer im historischen Paradise Inn reserviert, das auf 1 600 Metern Höhe liegt. Am nächsten Morgen begrüßte uns durchs Fenster der strahlend weiße Gipfel des Mount Rainier. Er schien zum Greifen nah. Und schöner noch als am Tag zuvor.

Böse Geister und Dämonen

Die Schönheit täuscht. Denn das Paradies ruht auf einer tickenden Zeitbombe. Der Mount Rainier ist ein Vulkan, und er gilt als der drittgefährlichste des ganzen Landes, nach dem Kilauea auf Hawaii und dem Mount St. Helens weiter südlich in Washington. Ungezählte Ausbrüche in den letzten 500 000 Jahren gaben dem Schichtvulkan seine heutige Form. Zuletzt, so beobachteten Zeitzeugen in Seattle und Tacoma, kam es in den Jahren 1894 und 1895 zu einer Serie kleinerer Ausbrüche. Und seitdem schläft er. Niemand weiß, wie lange noch.

Zurzeit ist die Gefahr nicht akut. Doch sollte der Mount Rainier das nächste Mal aktiv werden, wird er sich vielleicht nicht auf einen bescheidenen kleinen Ausbruch beschränken, sondern die ganz große Show veranstalten. Mit reichlich austretender Lava, tagelang währendem Ascheregen und pyroklastischen Strömen, einer Mischung von flüssigem Gestein und vulkanischen Gasen. Der Nationalpark ist groß, menschliche Siedlungen wären dabei vermutlich nicht bedroht. Also alles halb so wild – oder?

Doch der Berg ist von 26 Gletschern bedeckt. Und wenn die anfangen zu schmelzen, dann reißen die Fluten alles mit, was sich ihnen in den Weg stellt. Diese sogenannten Lahare, Ströme von Schlamm und Schutt, bilden die eigentliche Gefahr. Sie sind viel schneller unterwegs als die Lava und legen wesentlich größere Strecken zurück. Lahare vom Mount Rainier könnten über die Flüsse sogar den Puget Sound erreichen, der rund siebzig Kilometer nordwestlich des Berges beginnt. Eine Katastrophe für die dicht besiedelte Region an der Bucht!

Mit seiner stolzen Höhe von 4392 Metern ist der Mount Rainier der König der Cascade Range. Der Gebirgszug verläuft 1130 Kilometer entlang der Westküste Nordamerikas, vom Südwesten Kanadas über Washington und Oregon bis nach Nordkalifornien. Er gehört zum Pazifischen Feuerring, einer Kette von Vulkanen, die sich auf drei Seiten um den Pazifik zieht. Und der König ist in seinem langgestreckten Bergreich keineswegs der Einzige, der die Fähigkeit hat, Lava und Asche zu speien.

Neun der Kaskaden-Vulkane besäßen das Potenzial, in den nächsten Jahrzehnten auszubrechen, sagen die Vulkanforscher. Um rechtzeitig vorhersagen zu können, wann der Mount Rainier loslegt, haben sie den Feuerspucker unter strenge Aufsicht gestellt. Im Vordergrund steht dabei das Erdbeben-Monitoring, denn ein Ausbruch würde sich dadurch ankündigen, dass die Erschütterungen in der Erdkruste häufiger auftreten und stärker ausfallen.

Doch keine noch so ausgeklügelte Technik kann den Berg an seinem Tun hindern. Den Menschen in der Umgebung bleibt nur, sich beizeiten in Sicherheit zu bringen.

Der Vulkan flößte den Indianervölkern, die schon seit Jahrhunderten und Jahrtausenden in seinem Umkreis ansässig waren, großen Respekt ein. Was hatte das alles zu bedeuten? So fragten sie sich, wenn sie Feuerschein und Rauch oben auf dem Berg wahrnahmen, wenn sie das Beben der Erde, das dumpfe Grollen und die Überschwemmungen erlebten. Und warum regnete es Asche und heiße Steine? Das konnte doch nur das Werk eines sehr bösen und mächtigen Geistes sein!

Einen solch unberechenbaren Geist ließ man am besten ungestört, das war ihre Überzeugung. Doch im August 1870 kam eine Gruppe von drei Bergsteigern, Hazard Stevens, Philemon Beecher Van Trump and Edmund Coleman, zum Mount Rainier, getrieben von dem Ehrgeiz, den Gipfel des Berges als Erste zu bezwingen.

Die Indianer schüttelten verständnislos die Köpfe. Was für ein unmögliches Ansinnen! Sluiskin, ein einheimischer Bergführer und Jäger, sprach eine eindringliche Warnung aus: „Der Tahoma, in eurer Sprache Mount Rainier genannt, ist ein verzauberter Berg. Es haust ein böser Dämon dort oben, der in einem See aus Feuer lebt. Er wird euch vernichten!“

Die drei Männer dachten nicht daran, sich von alten Geschichten einschüchtern zu lassen. Es gelang ihnen, Sluiskin zu überreden, sie zu führen. Doch bei Mazama Ridge, noch nicht ganz auf halber Höhe, weigerte dieser sich, auch nur einen Schritt weiterzugehen. Coleman hatte bereits aufgeben müssen, doch Stevens und Van Trump wollten unbedingt den Ruhm als erfolgreiche Gipfelstürmer einstreichen.

„Ihr macht mein Herz ganz krank, wenn ihr davon sprecht, Tahoma zu besteigen“, sagte Sluiskin verbittert. „Ihr werdet da oben umkommen, und dann werden eure Leute mich dafür verantwortlich machen.“

Weil er seine Schützlinge aber nur ungern allein ließ, führte er sie noch ein Stück weiter bis zu einer Stelle, die heute Sluiskin Falls genannt wird. Dort schlug er sein Lager auf und wartete resigniert darauf, was kommen möge.

Am nächsten Morgen begannen Stevens und Van Trump unverdrossen ihren Aufstieg zum Gipfel. Tatsächlich waren die beiden die Ersten, von denen bekannt wurde, dass sie ihn erreichten. Beim Abstieg rutschte Van Trump auf den nassen Felsen aus – durch Unachtsamkeit und nicht, weil ein Dämon seine Finger im Spiel hatte – und zog sich einige Prellungen und Schürfwunden zu, er war jedoch in der Lage, zurück zum Camp zu hinken.

Sluiskin war sprachlos vor Staunen, als die beiden auf einmal vor ihm standen, müde, aber mit Triumph in den Augen. Noch lange rätselte er, wie diese beiden Männer dem Zorn des Dämons hatten entkommen können. Bis in ihm ein ganz unerhörter Gedanke aufblitzte: Ob es womöglich daran lag, dass sie nicht an ihn glaubten?

Gugelhupf mit Puderzucker

Tahoma, Tacoma oder Tacobeh, so heißt der Mount Rainier in den verschiedenen Indianersprachen der Region. Eine Theorie besagt, dass dieses Wort „Mother of waters“ bedeutet, frei übersetzt: Mutter der Flüsse, und tatsächlich nehmen ja sechs große Flüsse in den Gletschern des Berges ihren Ursprung. Aber warum lautet dann der offizielle Name Mount Rainier?

Das lag – mal wieder – an Kapitän Vancouver. Als der mit der *Discovery* durch den Puget Sound segelte, verteilte er großzügig die Namen von Bekannten und Verwandten an die Landschaftsformationen der Umgebung. Wie es in Erobererkreisen so üblich war. Als er dann im Osten den Tahoma erblickte, da fiel ihm sein Freund Peter Rainier ein, ein verdienter Admiral der Royal Navy. Und seitdem heißt der Berg Mount Rainier. Der Admiral selbst hat sich nie in diesem Winkel der Welt aufgehalten.

Nur ein kleiner Nebengipfel, den man Little Tahoma Peak nennt, erinnert noch an die frühere Bezeichnung. Mehrere Indianerstämme setzen sich dafür ein, dass der Berg seinen alten Namen wiederbekommt. Ob sie mit ihrer Initiative Erfolg haben werden, ist ungewiss. Aber immerhin gibt es ein prominentes Vorbild, den höchsten Berg Nordamerikas, der in Alaska liegt. Fast hundert Jahre lang war er auf allen Karten als Mount McKinley verzeichnet gewesen, doch 2015 erhielt er seinen ursprünglichen Namen zurück: Denali.

Bei einem anderen Aufenthalt im Bundesstaat Washington sah ich den Mount Rainier nur aus der Ferne. Wir fuhren die Interstate 5 von Tacoma in Richtung Seattle. An der mehrspurigen Autobahn reihten sich nüchterne Gewerbegebiete aneinander, mit Autowerkstätten, Autohäusern und verschiedenen Billigmotels. Und plötzlich tauchte zu meiner Rechten, wie eine Fata Morgana, der mächtige schneebedeckte Berg auf, strahlend und glitzernd im Sonnenlicht bei blauem Himmel und geradezu überirdisch schön. Er erhob sich aus der Landschaft wie ein gigantischer Gugelhupf, reichlich mit Puderzucker bestreut.

Was mache ich eigentlich hier auf dieser grauen Autobahn im Stop-and-Go der Rush Hour? So fuhr es mir durch den Kopf. Und fast hätte ich sämtliche Termine und Pläne über den Haufen geworfen, um die nächste Ausfahrt Richtung Mount Rainier zu nehmen. „Beim nächsten Mal!“, rief ich ihm zu und winkte.

Wenn er bis dahin nicht ausgebrochen ist und seine Schönheit unter Lava und Asche begraben hat.

www.nps.gov/mora

12 Der Traum vom Fliegen – William Boeing startet durch

Von Seattle führt ein weiter Bogen in den Ort Hohenlimburg, einen Stadtteil von Hagen im Sauerland. Dort nämlich hat die Geschichte angefangen. Eine Gedenktafel in der Lenneuferstraße 33 erinnert an einen Mann namens Wilhelm Böing, der 1846 in dem Fachwerkhaus, das früher einmal hier stand, geboren wurde. Böing wollte nicht im Sauerland versauern, deshalb wanderte er im Alter von 22 in die USA aus. Mit dem Vermögen, das er dort scheffelte, konnte er die Erfolgsgeschichte vorweisen, von der jeder Immigrant träumt. Dennoch gilt die Gedenktafel nicht in erster Linie ihm, sondern seinem Sohn.

William Edward Boeing, der Flugzeugpionier und Begründer der Boeing Flugzeugwerke, kam 1881 in Detroit auf die Welt. Nach seinem Schulabschluss und einem abgebrochenen Studium in Yale zog er in den Bundesstaat Washington. Ein Freund hatte ihm erzählt, dass sich hier, wo riesige alte Bäume nur darauf warteten, in Bauholz verwandelt zu werden, glänzende Geschäfte machen ließen. In Hoquiam an der Westküste gründete Boeing sein erstes eigenes Unternehmen, die Greenwood Timber Company.

Lange hielt es ihn nicht in der Provinz. Seattle, die jüngste und aufregendste Großstadt des ganzen Landes, versprach neue Geschäftsmöglichkeiten und Abenteuer. Im Jahr 1909 fand hier die Alaska-Yukon-Pacific-Ausstellung statt, und Boeing erblickte zum ersten Mal ein bemanntes Fluggerät, eine Art Zeppelin. Vor den Augen der staunenden Menge erhob sich die Riesenzigarre in die Lüfte – was für eine Sensation!

Der junge Mann verfolgte die Vorführung mit wachsender Begeisterung. Das Luftschiff war weder schnell noch elegant, doch es weckte in Boeing einen kühnen neuen Traum, den Traum vom Fliegen.

Bis zu seinem ersten eigenen Flug sollten allerdings noch viele Jahre vergehen. Im Juli 1915 landete der Flugpionier Terah Maroney mit seinem Doppeldecker auf dem Lake Union in Seattle, bereit, Passagiere mitzunehmen. William Boeing und sein Freund George Conrad Westervelt, ein Ingenieur der US-Marine und Luftfahrt-Enthusiast, waren sofort dabei. Kaum jemand sonst traute sich, den festen Boden zu verlassen, denn die fliegende Kiste, bestehend aus Holz, Leinen, Draht und einem Benzinmotor, bot so gut wie keine Sicherheit. Der jeweilige Passagier saß auf einem der Flügel und musste sich am Gestänge festhalten, einen Anschnallgurt gab es nicht.

Das störte die beiden Freunde nicht im Geringsten. Abwechselnd ließen sie sich den ganzen Tag aus den Wellen des Sees in den blauen Himmel fliegen, wieder und wieder, und am Abend diskutierten sie eifrig darüber, wie man die Konstruktion der Maschine verbessern könnte.

Boeing, in Hochstimmung, beschloss sofort, ebenfalls fliegen zu lernen. Er nahm Flugstunden und kaufte sich sein erstes eigenes Flugzeug, eine „Model TA“ von der Firma Martin. Der Doppeldecker erhielt den Spitznamen „Fliegender Vogelkäfig“, weil er von zahlreichen Drähten zusammengehalten wurde. Doch als Boeing einmal eine Bruchlandung hinlegte, wurde die TA stark ramponiert.

„Es wird Monate dauern, bis wir die Ersatzteile anfertigen können“, teilte Firmenchef Glenn L. Martin bedauernd mit.

Boeing ärgerte sich, aber nicht lange. „Dann bauen wir eben selbst ein Flugzeug“, sagte er zu Westervelt, „und zwar ein besseres. Und außerdem wird es schneller fertig werden, da bin ich mir sicher.“

Der Freund war einverstanden. „Ich wusste so wenig über die Sache“, erzählte er später, „und so wenig über die Schwierigkeiten, mit denen wir zu kämpfen haben würden, dass ich einfach nickte und sagte: Klar, machen wir!“

In einem Hangar am Lake Union konstruierten Boeing und Westervelt ihr erstes eigenes Flugzeug, einen Doppeldecker mit zwei breiten Schwimmern aus Holz zum Starten und Landen auf dem Wasser. Sie nannten ihre Modellreihe B & W, nach den Anfangsbuchstaben ihrer Namen. Am 15. Juni 1916 hob der Flieger zu einem bravourösen Jungfernflug ab.

Die B & W, später Boeing Model 1 genannt, besaß hervorragende Flugeigenschaften, was auch daran lag, dass Westervelt ein verkleinertes Modell im Windkanal des Massachusetts Institute of Technology (MIT) hatte testen lassen. Im Firmenarchiv von Boeing existiert heute noch ein vergilbtes Blatt Papier mit den Testergebnissen von damals. Die Vorgehensweise galt zu jener Zeit als revolutionär. Andere Flugpioniere bauten ihre Fluggeräte so, wie sie es sich vorstellten, probierten sie im fliegenden Realbetrieb aus und nahmen die notwendigen Verbesserungen hinterher in Angriff – falls sie heil wieder heruntergekommen waren.

Vom Erfolg beflügelt gründete Boeing schon einen Monat später die Pacific Aero Products Co. Leider musste er nun ohne seinen genialen Freund auskommen, denn der war von der US Navy an die Ostküste versetzt worden.

Der Geschäftsmann ist gekränkt

Der Erfolg ließ nicht lange auf sich warten. Im April 1917 traten die USA in den Ersten Weltkrieg ein, und William Boeing überlegte: Was braucht man für einen modernen Krieg? Flugzeuge! Also schickte er zwei Exemplare seiner Model 1 nach Pensacola, Florida, wo vor kurzem eine Trainingsbasis für Marineflieger eingerichtet worden war. Die Navy testete die beiden Flugzeuge, fand sie ideal für ihre Zwecke und bestellte gleich fünfzig Stück.

Das war wie ein Lottogewinn, und Boeing startete durch. Er benannte seine Firma in Boeing Airplane Company um und machte sich auf die Suche nach einem neuen Standort. „Think big", so lautete ab sofort seine Devise. Auf dem Gelände einer großen Schiffswerft am Duwamish River bei Seattle wurde er fündig. Der Besitzer war pleite gegangen, und Boeing konnte das Anwesen günstig übernehmen. Das neue Flugzeugwerk bestand aus einer großen, rot gestrichenen Scheune, und hier bauten die Boeing-Leute nun die Flieger für die Navy.

Nach dem Waffenstillstand im November 1918 geriet die neue Branche in ihre erste Krise. Der Markt war gesättigt mit billigen, gebrauchten Militärmaschinen. Um seinen Laden nicht komplett schließen zu müssen, verlegte Boeing sich darauf, Kommoden, Schränke und Küchentheken anzufertigen.

Doch schon bald winkte eine neue Geschäftsmöglichkeit. Der frühere Army-Pilot Eddie Hubbard kam zu Boeing und sagte: „Bill, du hast doch zuverlässige Maschinen – was hältst du davon, für den US Postal Service Luftpost zu transportieren?"

Boeing hielt sehr viel davon. Im Frühjahr 1919 flog eine seiner Maschinen die ersten Postsäcke von Seattle nach British Columbia. Doch als die Probephase beendet war, drängten ihn seine Ingenieure, sich wieder auf das Kerngeschäft zu konzentrieren, die Entwicklung und den Bau von Flugzeugen.

Acht Jahre später aber juckte es ihn erneut in den Fingern. Die Regierung hatte die Route zwischen San Francisco und Chicago ausgeschrieben, und das war ein wirklich dicker Fisch an der Angel. Boeing bewarb sich mit seiner 40A, einem traditionell gebauten Doppeldecker, der aber einen neuen, leichteren Motor mit Luftkühlung aufwies und eine geschlossene Kabine mit Platz für zwei Passagiere. Tatsächlich gelang es Boeing, den lukrativen Auftrag an Land ziehen.

Der Vertrag mit der Regierung sah eine Flotte von 26 Postflugzeugen vor. Um diese Flotte zu betreiben, gründete Boeing eine Fluggesellschaft mit dem Namen Boeing Air Transport. Bereits im ersten Jahr transportierte die neue BAT rund 1 200 Tonnen Post und 6 000 Passagiere. Als die Gewinne sprudelten, ging Boeing auf Shoppingtour, und zwar in ganz großem Stil: Flugzeugbauer, Fluggesellschaften, Motorenwerke, Propellerhersteller – es schien, als sei kaum ein Unternehmen der Branche vor ihm sicher. Seine bisherigen Firmen und die Neuzugänge vereinigte er unter dem Namen United Aircraft and Transport Corporation.

Anfang der dreißiger Jahre war Boeing ungebremst auf dem Weg, der Herrscher der US-amerikanischen Luftfahrtindustrie zu werden – bis eines Tages ein amtlicher Brief auf seinem Schreibtisch lag. Absender: die Federal Trade Commission. Sie warf dem Unternehmer vor, gegen das Wettbewerbsrecht verstoßen zu haben. Boeing war sich keiner Schuld bewusst – er hatte doch immer im Rahmen des geltenden Rechts gehandelt!

Dieses Recht aber sollte sich jetzt ändern. Im Jahr 1934 bestimmte ein neues Gesetz, dass Produktion und Transport nicht mehr länger in einer Hand liegen dürften. Boeings Imperium wurde zerschlagen und in drei separate Unternehmen aufgeteilt: die Boeing Airplane Company, später Boeing Company, die Fluglinie United Airlines und die United Aircraft Corporation, heute United Technologies Corporation.

William Boeing fühlte sich in seiner Ehre als Geschäftsmann so tief gekränkt, dass er seine Aktien verkaufte und seinem Lebenswerk den Rücken kehrte. Er starb im Jahr 1956 an Bord seiner Yacht während eines Segeltörns auf dem Puget Sound.

Die Boeing Company entwickelte sich auch ohne ihren Gründer weiter. Seit der Fusion mit McDonnell Douglas 1997 gehört sie zu den weltweit größten Akteuren der Luft- und Raumfahrtindustrie. Mit Airbus liegt sie in einem ständigen Wettstreit darüber, wer die dicksten Auftragsbücher hat und wer die meisten Passagiermaschinen an die Fluggesellschaften ausliefert.

William Boeing hat damals genau den richtigen Riecher gehabt. Als er mit dem Bau von Flugzeugen begann, war die neue Erfindung im Begriff, die reine Experimentierphase in der Werkstatt einzelner Tüftler hinter sich zu lassen und sich zu einem praxistauglichen Transportmittel zu entwickeln.

Und wo kam der Unternehmergeist her? Aus dem Sauerland!

Die rote Scheune, „the Red Barn“, wurde auf das Gelände des Museum of Flight verlegt. Dort ist auch eine Nachbildung der Boeing Model 1 zu sehen.
Museum of Flight, 9404 East Marginal Way South, Seattle
www.museumofflight.org

13 Die Königin der Lüfte – die Luftfahrtlegende Boeing 747

In meiner Jugend gab es drei Namen, die in mir, wenn ich sie irgendwo hörte oder las, wie auf Knopfdruck ein heftiges Gefühl von Fernweh auslösten, jene schmerzhaft-schöne Sehnsucht nach einer in funkelnder weiter Ferne liegenden Weltgegend voller Überraschungen.

New York, das war einer dieser Namen, der für mich wie ein Versprechen klang. Als Nächstes kam San Francisco – und dann Boeing. Denn es musste eine Boeing sein, die mich zu meinen Traumzielen jenseits des Atlantiks tragen würde, das stand für mich fest. Und so betrat ich eines Tages, mit wilder Vorfreude im Herzen, eine Maschine vom Typ Boeing 747-200 mit Ziel New York. Es war ein heiß ersehnter Moment für mich. Billigflüge gab's noch nicht, und ich hatte im Jahr davor viele Wochen lang in einer Fabrik gejobbt, um mir diese USA-Reise leisten zu können.

Die Boeing 747 mit dem Spitznamen Jumbo-Jet, sofort erkennbar an dem typischen Höcker mit dem Oberdeck vorne, war schon damals eine Legende. Seit ihrer Einführung 1969 belegte sie jahrzehntelang den Spitzenplatz unter den Verkehrsmaschinen weltweit. Mit einer Länge von 70,5 Metern und einer Spannweite von 59,6 Metern konnte bereits das erste Modell, die 747-100, um die 400 Passagiere befördern. Erst 2007, als der Airbus A380 in den Liniendienst ging, rutschte die 747 auf Platz 2.

Mit dem Jumbo-Jet revolutionierte der Flugzeugbauer den Passagierverkehr zwischen den Kontinenten. Der Betrieb wurde wirtschaftlicher, da in einer einzelnen Maschine mehr Fluggäste Platz fanden, zudem machte die neue Jet-Technik Zwischenlandungen zum Auftanken überflüssig. Die Airlines konnten ihre Tickets günstiger anbieten, und so wurden Langstreckenflüge, die bisher Geschäftsreisenden und Privatleuten mit dicker Brieftasche vorbehalten waren, nun auch für Normalsterbliche erschwinglich.

Dass es zur Entwicklung der Boeing 747 kam, ist auf den Mut zweier Männer zurückzuführen. In den USA hatte zu jener Zeit die Fluggesellschaft Pan American World Airways, kurz Pan Am, die Nase vorn. Die ersten zivilen Düsenflugzeuge, eine Boeing 707 und eine Douglas DC-8, waren gerade erst auf dem Reißbrett entstanden, da bestellte Pan Am bereits ganze Flotten der beiden Modelle. Auf diese Weise sicherte sich die Fluglinie einen gehörigen Vorsprung im Transatlantikgeschäft.

Juan Trippe, der Chef der Airline, dachte jedoch bereits weiter. Es wäre doch viel wirtschaftlicher, so überlegte er, richtig große Maschinen über den Ozean zu schicken, die doppelt so viele Passagiere aufnehmen könnten. Ein Flieger dieser Größenklasse existierte noch nicht, war aber vielleicht technisch möglich. Er würde das mal mit seinem Freund Bill Allen, dem Boss von Boeing, besprechen.

Im Sommer 1965 unternahmen die beiden Männer gemeinsam eine Angeltour in den Gewässern vor Alaska.

„Ich will die Leute an den letzten Winkel des Globus bringen, aber zu einem Bruchteil der heutigen Kosten“, erläuterte Trippe, während sie darauf warteten, dass die Lachse anbissen.

„Also ein Riesenjet“, sagte Allen nachdenklich, aber durchaus interessiert.

„Wenn du das Flugzeug baust, werde ich es kaufen“, fuhr Trippe fort. „Na, was meinst du?“

Allen war sofort dabei. „Gut, wenn du es kaufst, werde ich es bauen.“

Die Freunde besiegelten ihre Vereinbarung mit einem Handschlag. Das war die Geburtsstunde des Jumbo-Jets. Im April 1966 unterschrieben die beiden Geschäftspartner einen Kaufvertrag über 25 Großraum-Jets mit dem Modellnamen 747. Gesamtwert: 525 Millionen Dollar, entsprechend einem heutigen Gegenwert von 3,3 Milliarden Dollar.

Sie fliegt wunderschön

Da stand Bill Allen nun mit einem Großauftrag in der Tasche, der jeden bisherigen Rahmen sprengte. Damit überhaupt jemals ein Jumbo-Flieger aus den Fabriktoren rollen konnte, waren gigantische Investitionen notwendig. Im Übrigen – welche Fabriktore? Eine Werkshalle von solchen Dimensionen existierte noch gar nicht.

Die Verantwortlichen machten sich auf die Suche nach einem passenden Gelände und wurden in Everett nördlich von Seattle fündig. Da war einmal die Start- und Landebahn des Regionalflughafens Paine Field, ideal für den zukünftigen Standort, und daran angrenzend breitete sich die pure Wildnis aus. Getreu dem Motto aus den Gründerzeiten „Think big“ erwarb Boeing 320 Hektar Wald, durchsetzt mit Sümpfen.

Die Bären der Gegend waren wenig erfreut, als die Holzfäller anrückten, gefolgt von Holztransportern und Baumaschinen. Ein ums andere Mal streckte ein Bär seine Nase aus dem immer weiter schrumpfenden Baumdickicht und erschreckte die Arbeiter.

Joe Sutter, der leitende Ingenieur des Projekts, konnte nicht warten, bis die Mega-Fabrik fertig war. Es musste alles gleichzeitig vor sich gehen, denn nur 44 Monate nach Vertragsabschluss, so die Planung, sollte die 747 ihre Zulassung durch die Luftfahrtbehörde erhalten. Noch während die Mauern hochgezogen wurden, wuselte bereits ein Heer von zigtausend Ingenieuren, Technikern, Mechanikern und Arbeitern durch die halb fertige Fabrik.

Manchmal sahen die Leute den Morgennebel durch die Hallen wabern, wenn sie zur Arbeit kamen. „Wird Zeit, dass wir ein Dach über dem Kopf bekommen", bemerkten sie, wandten sich dann aber sofort ihren Aufgaben zu. Der Flieger musste fertig werden, alles andere war nebensächlich.

Der Zeitdruck war unglaublich, aber ebenso das Engagement der Arbeitskräfte. „The Incredibles", die Unglaublichen, wurden sie deshalb genannt. Jeder wusste, dass nichts weniger auf dem Spiel stand als die Existenz von Boeing. Die meisten kamen in aller Herrgottsfrühe, um erst spät in der Nacht wieder zu ihren Autos zu wanken. So mancher schlief am Schreibtisch ein und arbeitete am nächsten Morgen, nach einer Infusion von extrastarkem Kaffee, einfach weiter.

Die Ingenieure zeichneten die Konstruktionspläne von Hand und nur mithilfe von Rechenschiebern. Auf mehr als 75 000 Zeichnungen legten sie fest, wie die 4,5 Millionen Teile des neuen Flugzeugs anzufertigen und zusammenzubauen waren. Inzwischen verzeichneten die Auftragsbücher bereits 88 Bestellungen für die 747, denn auch andere Fluggesellschaften standen bereits Schlange, um sich ein Sahnestück von der üppigen Torte des Transatlantikgeschäfts zu reservieren.

Am 30. September 1968 öffneten sich die riesigen Werkstore, und der Prototyp der 747, getauft auf den Namen *City of Everett*, kam langsam herausgerollt: Die zukünftige Königin der Lüfte, silberglänzend und strahlend schön, hatte ihren ersten Auftritt. Der Menge der Zuschauer vor der Fabrik verschlug es für einen Moment den Atem. Dann brachen alle in einen begeisterten Applaus aus.

Für eine Vorführung in der Luft war die Diva an dem Tag allerdings noch nicht bereit. Diese Premiere fand erst am 9. Februar 1969 statt. Beschleunigt von der Schubkraft ihrer vier Jet-Triebwerke raste die City of Everett über die Startbahn des Werksflughafens und hob dann mit souveräner Eleganz ab.

„Sie fliegt wunderschön“, jubelte kurz darauf der Testpilot über Funk. „Die Maschine ist ein Traum!“

Bei Pan Am erfolgte der Erstflug ein knappes Jahr später, als die ersten 362 Passagiere an Bord eines Jumbo-Jets gingen, um von New York nach London zu fliegen.

Ob es am Vorführeffekt lag, man weiß es nicht, jedenfalls streikte – glücklicherweise vor dem Start – eines der Düsentriebwerke. Pan Am musste eilends einen Ersatz-Jumbo für den Langstreckenflug bereitstellen, was einige Stunden in Anspruch nahm. Dann aber brachten Kapitän Robert M. Weeks und seine Crew die 747 mit dem Namen *Clipper Young America* sicher über den Atlantik, in der Rekordzeit von sechs Stunden und 43 Minuten.

An den Tischen des Restaurants im Oberdeck saßen die Passagiere der ersten Klasse und genossen den Service der hübschen Pan-Am-Girls. Zu jener Zeit waren Flugreisen noch mit Stil und Glamour verbunden. Die Herren in Anzug und Krawatte, die Damen im Kostüm, so betraten die Reisenden den Flieger. Fast alle jungen Mädchen träumten davon, Stewardess zu werden, und niemand wäre auf die Idee gekommen, die Flugbegleiterinnen abwertend als Saftschubsen zu bezeichnen.

Die Traumfabrik

Die Boeing-Ingenieure mussten noch so manche Kinderkrankheit ihres Babys in den Griff bekommen, bevor aus der 747 eine echte Erfolgsgeschichte werden konnte. Bis heute wurden rund 1 600 Exemplare ausgeliefert.

So langsam aber verblasst der Stern der Königin am Luftfahrthimmel, und einige US-Fluggesellschaften haben die 747 bereits in Rente geschickt. Als Frachtmaschine jedoch ist sie immer noch unschlagbar, was auch an einer Besonderheit der Bauweise liegt. Da die Riesennase des Jumbos unterhalb von Cockpit und Oberdeck vollständig aufgeklappt werden kann, lässt sich auch großformatiges Frachtgut ohne Probleme verladen.

Boeing selbst nutzt die Frachtversion einer 747-400, um die acht vorgefertigten Teile seiner 787 bei den Zulieferern abzuholen und nach Everett fliegen zu lassen, wo die Endmontage stattfindet. Die 787, die den halben Globus in Rekordzeit und ohne Zwischenstopp umrunden kann, trägt den verheißungsvollen Namen Dreamliner, und deshalb nennt Boeing die dazugehörige Transportmaschine Dreamlifter. Ihr langgestreckter, rundlicher Bauch schluckt mehr Frachtgut als jedes andere Flugzeug.

Als wir uns zu einer Werksbesichtigung auf dem Boeing-Gelände in Everett aufhielten, konnten wir ihn sehen, den Dreamlifter, schneeweiß glänzend und mit leuchtend blauer Heckflosse. Bei Boeing kommt selbst eine schnöde Frachtmaschine noch als Traumflugzeug daher!

Die Fertigungshalle dieses größten und wichtigsten Boeing-Werks, so erzählte unser Tour Guide voller Stolz, sei vom Volumen her das zweitgrößte Gebäude der Welt. Es bedeckt eine Fläche von fast einem halben Quadratkilometer, so viel wie 56 Fußballfelder. Zusammengebaut werden unter dem Dach der Halle die Modelle 747, 767, 777 und 787.

Im Juli 1966, bei den Feierlichkeiten zum 50-jährigen Bestehen der Fima Boeing, bezeichnete Pan-Am-Chef Juan Trippe die zukünftige 747 als mächtige Waffe im Kalten Krieg. „Keine Atombombe“, sagte er, „kann so wirkungsvoll sein wie der Flugreisende, der voller Neugier, Begeisterung und gutem Willen in allen Himmelrichtungen der Erde unterwegs ist, um mit Menschen anderer Nationalitäten und Hautfarben Freundschaft zu schließen und ein Verständnis für ihre Kultur zu entwickeln.“

Da hat er wohl recht. Die Backpacker der Welt, zu denen damals auch ich gehörte, schließen Freundschaften, statt Feindbilder zu pflegen.

Future of Flight Aviation Center & Boeing Tour, 8415 Paine Field Blvd, Mukilteo
www.futureofflight.org

Die *City of Everett* kann im Museum of Flight besichtigt werden, 9404 East Marginal Way South, Seattle
www.museumofflight.org

14 Die Indianerprinzessin – die Geschichte von Princess Angeline

„Haben Sie unsere Princess Angeline schon gesehen?“, fragte die Blumenverkäuferin, während sie einen Strauß mit bunten Blumen für mich zusammenstellte. Sie lächelte mich verschmitzt an. Die rundliche Frau, deren Vorfahren vermutlich aus Japan stammten, trug ihre glatten schwarzen Haare zu einem Pferdeschwanz gebunden. Das Schildchen an ihrer grünen Schürze verriet ihren Namen: Kay.

„Eine Prinzessin?“ Ich schüttelte den Kopf. Noch lebende Mitglieder von Adelshäusern kannte ich nur aus der Klatschpresse. Dass ein Ableger dieser Gattung hier in Seattle Hof halten sollte, war mir neu. „Wie sieht sie denn aus?“

„Wenn Sie hier über den Pike Place Market laufen, halten Sie Ausschau nach einer alten Indianerin, die an der Straße sitzt und geflochtene Körbe verkauft.“ Kay angelte nach einer rosafarbenen Rose und steckte sie in den Strauß. „Sie trägt ein rotes Kopftuch, einen langen Rock und um die Schultern ein Umschlagtuch mit Fransen.“

Wollte sie mich auf den Arm nehmen? Oder aber es handelte sich um verarmten Adel – falls es den in indianischen Kreisen überhaupt gab, was ich bezweifelte.

„Princess Angeline, müssen Sie wissen, ist die Tochter von Häuptling Seattle“, erklärte Kay mit einem Unterton von Wichtigkeit in der Stimme. Sie schien sich zu freuen, ihr Insiderwissen über die lokale Prominenz weitergeben zu können.

Ich lachte. „In dem Fall ist sie wohl schon ein Weilchen tot."

Kay senkte die Stimme. „Sie ist ein Geist!" Im Flüsterton fuhr sie fort: „Princess Angeline geht auf dem Pike Place Market um. Viele Leute haben sie schon gesehen, aber immer nur aus der Entfernung. Wenn man näherkommt und sie ansprechen will, löst sie sich in Luft auf."

Inzwischen hatte sich hinter mir eine kleine Schlange gebildet. Kay tauchte aus ihrer Geistergeschichte wieder auf, streckte mir den regenbogenbunten Blumenstrauß entgegen und sagte in nüchternem Tonfall: „Macht zwanzig Dollar, Sweetie."

Ich glaube nicht an Geister. Wirklich nicht. Und dennoch, kaum hatte ich die Markthalle verlassen, begann ich sofort, meinen Blick hin und her wandern zu lassen, in der vollkommen irrationalen Hoffnung, die ominöse Prinzessin würde sich heute zeigen. Aufmerksam beobachtete ich die Leute um mich herum, aber es gab niemanden, auf den die Beschreibung gepasst hätte. Die einzige alte Dame, die möglicherweise indianischer Herkunft war, hatte enge Jeans an und hielt einen Pappbecher mit Kaffee in der rechten Hand. Sie wirkte kein bisschen geisterhaft.

Am Abend war ich bei Pauline eingeladen, einer Freundin aus Studententagen. Für sie waren die farbenprächtigen Blumen bestimmt. Pauline ist ein echter Althippie. Sie trägt immer noch Pluderhosen, lange, wallende Röcke, bestickte Blusen aus indischer Baumwolle und, wenn es mal kühler sein sollte, eine Samtweste darüber. Sie ist Kulturwissenschaftlerin, hält aber nur noch gelegentlich Vorlesungen oder Vorträge. Abends gibt sie Kurse in Yoga und Meditation.

Als ich meiner Freundin die Story der Blumenfrau erzählte, rief sie in ihrer tiefen, rauchigen Stimme aus: „Ach, du meinst Kikisoblu!"

Und dann erfuhr ich die ganze Geschichte.

Mit Gehstock und Rosenkranz

Kikisoblu wurde um 1820 geboren und war die älteste Tochter von Chief Seattle. Sie und ihr Vater erlebten, wie sich durch die Ankunft der Weißen in ihrem Land ein rasanter Wandel vollzog, der schließlich dazu führte, dass die Indianer in Reservate abgeschoben wurden. Kikisoblu allerdings hatte wenig Lust, in das abgelegene Reservat ihres Stammes, der Suquamish, zu ziehen. Was sollte sie dort, sie war doch in Seattle zu Hause! Also blieb sie einfach.

Die junge Frau hatte sich bereits mit einigen der ersten Siedler angefreundet. Besonders gut verstand sie sich mit dem Sägewerksbesitzer Henry L. Yesler – was so manchen Zeitgenossen verwunderte, da Yesler nicht gerade als umgänglich galt – und mit Doc Maynard und seiner zweiten Frau Catherine.

Eines Tages sagte Catherine zu ihr: „Kikisoblu, das ist doch kein Name für eine Frau, die so hübsch ist wie du. Ich werde dich ab jetzt Angeline nennen."

Auch andere Leute fanden, dass dieser Name besser zu ihr passte, vor allem ließ er sich leichter aussprechen. Und irgendwann fingen sie an, Princess Angeline zu ihr zu sagen. Einmal, weil ihr Vater von edler Abstammung war, aber auch, weil sie ihr Leben mit der Würde einer Prinzessin meisterte.

Ansonsten hatte ihr Alltag herzlich wenig mit dem einer adeligen Dame gemeinsam. Sie wohnte in einer schäbigen kleinen Hütte an der Waterfront, ungefähr dort, wo sich heute der Pike Place Market ausbreitet, und musste sich ihren Lebensunterhalt selbst verdienen. Bei Tag arbeitete sie als Wäscherin, und am Abend fertigte sie Körbe an, um sie auf der Straße zu verkaufen.

Ebenso wie ihr Vater hatte Angeline den katholischen Glauben übernommen. Oft saß sie auf der Bank vor ihrem Häuschen, ließ den Rosenkranz durch die Finger gleiten und murmelte ihre Gebete dazu, in einer eigenwilligen Mischung aus Englisch und ihrer Muttersprache Lushootseed. Die Kette mit dem Kreuz und den 59 Perlen war ihr kostbarster Besitz. Als ein idealistischer junger Priester nach Seattle zog und für die dortige Gemeinde von zehn Schäfchen das erste katholische Kirchlein errichtete, da erschien auch Angeline regelmäßig zur sonntäglichen Messe.

Als Angeline älter wurde, litt sie immer stärker unter Arthritis, vor allem in den feuchtkalten Wintermonaten. Zu Hause blieb sie deswegen nicht, aber sie stützte sich nun auf einen Stock, wenn sie durch Seattle wanderte. Manchmal brauchte sie eine Pause, dann ließ sie sich auf dem Gehsteig nieder, nahm den Rosenkranz zur Hand und betete.

Es gab niemanden in Seattle, der sie nicht sofort erkannt hätte, die kleine alte Indianerin mit dem Kopftuch und dem abgetragenen Schultertuch, mit der Zigarette im Mundwinkel und dem Rosenkranz in der Hand. Selbst in den Zeiten noch, als die kleine Siedlung sich bereits zu einer großen Stadt entwickelt hatte.

Als Angeline am 31. Mai 1896 starb, zelebrierte man für sie eine Beerdigung, die einer Prinzessin würdig war. Hunderte von Trauergästen gaben ihrem Sarg, der die Form eines Kanus hatte, das letzte Geleit Beigesetzt wurde Angeline auf dem Lake View Cemetery in Seattle, ganz in der Nähe der Grabstätte ihres Beschützers und Freundes Henry L. Yesler. So hatte sie es sich ausdrücklich gewünscht. Die Gräber der beiden kann man heute noch dort sehen: das des reichen Unternehmers und das der armen Indianerin, die von allen Prinzessin genannt wurde.

Der Geist vom Pike Place Market

„Mit Prinzessin Angelines Tod ging hier im Nordwesten eine Epoche zu Ende", sagte Pauline und schenkte uns beiden Rotwein nach. „Sie und ihr Vater waren noch ganz in der indianischen Kultur aufgewachsen, als freie Menschen in ihrem Land, ungestört von den Weißen, ihren Gesetzen und Schikanen. Diese Zeit verschwand nun unwiderruflich im Orkus der Geschichte. Gleichzeitig haben sich beide, jeder auf seine Weise, der Kultur der Weißen geöffnet. Damit stellten sie ein Bindeglied zwischen den beiden Lebenswelten dar."

Sie erhob sich von ihrem Meditationskissen, streckte sich kurz und holte einen dicken Bildband aus dem Regal. „Schau mal, diese Fotos hier, das ist das Lebenswerk von Edward S. Curtis. Curtis war Fotograf und ist viele Jahre lang durch Nordamerika gereist, um die Indianer und ihre Lebensweise zu dokumentieren. Er war geradezu getrieben, weil er wusste, dass ihm die Zeit davonläuft. Er hat einzigartige Aufnahmen gemacht!" Sie schlug eine Seite auf. „Hier ist Princess Angeline. Curtis war ganz fasziniert von ihr. Weil er sah, dass sie nur mit Mühe über die Runden kam, hat er ihr damals für jedes Foto, das er von ihr aufnehmen durfte, einen Dollar gegeben."

Auf dem Foto, das Pauline mir zeigte, war eine alte Frau mit einem Gesicht voller Runzeln zu sehen. Sie trug ein Kopftuch und ein Umschlagtuch, genauso, wie die Blumenverkäuferin sie mir beschrieben hatte. Ich kannte ein Bild von Chief Seattle und fand, dass Angeline ihrem Vater sehr ähnlich sah. Bei beiden fielen mir das ausgeprägte Kinn und der Mund mit den heruntergezogenen Mundwinkeln auf. Sie wirkten damit etwas grimmig, doch vermutlich hatte ihnen das Leben jede Menge Anlass geboten, grimmig in die Welt zu schauen.

Nachdenklich schaute ich in die schimmernde rote Flüssigkeit in meinem Glas und nahm einen Schluck. „Und wie ist es dann zu dieser Geistergeschichte gekommen, die auf dem Pike Place Market kursiert?“, fragte ich schließlich.

Pauline lachte. „Ich glaube, unsere Prinzessin ist nicht damit einverstanden, dass die Leute irgendwann ihr kleines Häuschen abgerissen haben. Einige Jahre später entstand in dieser Gegend der Pike Place Market, der ein Riesenerfolg war und deshalb ständig erweitert wurde. Und genau an der Stelle, wo die Hütte gestanden haben soll, hat man die Markthalle für die Blumenhändler hochgezogen.“

„Sicher hätte es ihr besser gefallen, wenn man aus ihrer Hütte ein kleines Museum gemacht hätte.“

Pauline nickte. „Aber so weit dachte damals noch niemand. Wie auch immer, eines Tages erzählte einer der Händler, er habe beim Blumenmarkt eine kleine alte Indianerin auf dem Boden sitzen sehen, mit ein paar Körben zu ihren Füßen. Er schwor, die Frau hätte genau wie Princess Angeline ausgesehen. Als sie dann urplötzlich verschwand, war er sicher, einen Geist gesehen zu haben. Du weißt ja, manche Menschen sind für so was empfänglich, und bald waren auch andere Leute überzeugt, sie wären dem Geist der Prinzessin begegnet. Heute gehört diese Geschichte zu den beliebtesten Marktlegenden, und es sind vor allem die Blumenverkäufer, die sie gerne weiterverbreiten."

„Hach, ich würde ja zu gerne mal einen Geist sehen", sagte ich und seufzte.

„Ich denke, man sieht sie nur, wenn man auch daran glaubt", meinte Pauline. Plötzlich trat ein unternehmungslustiges Glitzern in ihre Augen. Sie stand auf, kramte in einer Schublade und zauberte ein weißes Tütchen daraus hervor. „Schau mal, was ich hier habe, das ist ein ganz feines Kraut, 1A-Qualität, hat mir ein guter Freund besorgt. Wir könnten eine rauchen, uns entspannen ..." Sie kicherte. „Vielleicht erscheint uns ja dann Princess Angeline. Wollen wir?"

Ich winkte hastig ab. „Nee, du, lass mal. Ich kann sie mir auch so lebhaft vorstellen."

Lake View Cemetery, 1554 15th Avenue East, Seattle

15 Und plötzlich pfeift das Murmeltier – der Olmpic National Park

Richtig zutraulich sieht sie aus, die große weiße Schneeziege, die dort in der flachen Bodensenke zwischen den schroffen Felsen des Hurricane Hill liegt. Offenbar hat sie sich schon für den Abend eingerichtet. Mit der Kamera in der Hand mache ich einen Schritt auf sie zu. Und noch einen zweiten Schritt. Da wird sie ein wenig unruhig und zuckt mit einem Bein, als wollte sie gleich aufstehen.

„Ja, ja, ich geh‘ ja schon“, sage ich und ziehe mich wieder ein Stück zurück.

Sie schaut mich mit erhobenem Kopf an, und ihr Blick drückt aus: He, du, ich rate dir, einen ordentlichen Abstand einzuhalten, sonst bekommst du meine Hörner zu spüren!

Schneeziegen sind wilde Tiere, und sie für zutraulich zu halten, ist ein Irrtum. Diese hier kommt anscheinend zu dem Schluss, dass von mir keine Gefahr ausgeht, und bleibt an ihrem Platz liegen.

Es ist Sommer, deswegen trägt die Schneeziege nur einen leichten Mantel aus kurzem, flauschigem Fell. Im Winter wächst ihr ein dichteres und längeres Haarkleid. Ich beneide das Tier um seine warme Outdoor-Ausstattung! Für mich sind die Temperaturen hier oben alles andere als sommerlich, ich schätze, sie betragen nicht mehr als zehn Grad. Das ist kein Wunder, denn der Hurricane Hill hat immerhin eine Höhe von 1 755 Metern. Die Sonne versteckt sich hinter weißgrauen Wolken, und gerade kommt ein leichter Nebel auf. Über den Hurricane Trail sind wir stetig bergauf gewandert, und mir war warm geworden. Doch jetzt beim Herumstehen fange ich in meiner dünnen Fleecejacke an zu frösteln.

Plötzlich fällt mir etwas auf. „Warum trägt die Schneeziege ein Halsband?“, frage ich Sandra verwundert. „Gehört sie jemandem?“ Ich stelle mir vor, dass gleich ein alter Bauer um die Wegbiegung kommt, um seine Ziege nach Hause in den Stall zu bringen.

Sandra und ihr Mann Jon haben uns mit auf einen Ausflug in die Olympic Mountains unternommen. Sie wohnen in Port Angeles, dem Tor zum Nationalpark an der Nordküste der Olympic-Halbinsel. Die beiden, groß, schlank und beneidenswert fit, sind begeisterte Wanderer. In den Bergen vor ihrer Haustür kennen sie sich aus wie in ihrem eigenen Wohnzimmer.

Sandra schüttelt den Kopf. „Nein, an dem Halsband ist ein GPS-Sender befestigt. Damit kann die Parkverwaltung mitverfolgen, wo die Tiere sich aufhalten.“

Wir haben Sandra und Jon heute zum ersten Mal getroffen, kennen aber Jons Eltern gut, Bob und Marge, die in Kalifornien wohnen. Kaum hatten wir ihnen erzählt, dass wir eine Reise in den Nordwesten planten, da hängte sich Marge auch schon ans Telefon und organisierte uns eine Einladung von ihrem Familienzweig in Port Angeles.

Zurzeit gebe es Streit um die Anwesenheit der Schneeziegen, fährt Sandra fort, denn die Tiere gehörten eigentlich nicht in diese Region. In den zwanziger Jahren des letzten Jahrhunderts hatten Jäger zwölf Exemplare aus Alaska und Kanada hierhergebracht, um ihrem Jagdglück auf die Sprünge zu helfen. Anscheinend fühlten sich die Tiere in der neuen Umgebung so wohl, dass sie sich prächtig vermehrten. In der Vergangenheit hat man mehrfach ihre Bestände dezimiert – um es deutlicher zu sagen: eine größere Anzahl abgeschossen –, dennoch sollen zurzeit um die 600 Schneeziegen in den Höhenlagen des Parks herumklettern.

Was mich und die anderen Hobbyfotografen freut, ist der Parkverwaltung ein Dorn im Auge. „Es sind wunderschöne Tiere, aber sie sind nun mal nicht Teil dieses Ökosystems“, sagen die Verantwortlichen. Schließlich ist es das Prinzip der Nationalparks, einen natürlichen Lebensraum mit seiner Landschaft, seinen Tieren und Pflanzen im ursprünglichen Zustand zu bewahren und äußere Einflüsse von ihm fernzuhalten. Und nach diesem Grundsatz heißt es jetzt: Raus mit den Fremdlingen!

Trotz ihres Namens sind Schneeziegen übrigens nur um ein paar Ecken mit den Haustieren, wie wir sie kennen, verwandt, näher hingegen mit einem anderen Kletterkünstler der Berge, den Gämsen.

Der Sitz der Götter

Die Olympic-Halbinsel erstreckt sich westlich vom Puget Sound über eine Fläche, die mit über 9 000 Quadratkilometern fast halb so groß ist wie das Bundesland Rheinland-Pfalz. Cape Flattery, der kleine Zipfel im Nordwesten der Halbinsel, bildet den nordwestlichsten Punkt der USA, von Alaska weiter oben im Norden einmal abgesehen. Ich fragte mich, woher der Name dieses Kaps wohl herkam, denn „flattery“ heißt auf Deutsch „Schmeichelei“. War dort einst eine liebreizende Dame von ihren Verehrern umschmeichelt worden?

Nein, die Sache lag anders. Hier war nämlich im März des Jahres 1778 der Seefahrer und Entdecker James Cook entlanggesegelt. Nachdem er das Kap erkundet hatte, schrieb er in sein Tagebuch: „... es schien eine kleine Öffnung hier zu geben, die uns mit der Hoffnung schmeichelte, einen Hafen zu finden ... Aus diesem Grund nannte ich die Landspitze nördlich davon Cape Flattery."

Den zentralen Teil der Olympic Peninsula nimmt der Olympic National Park ein. Namensgeber für beide ist der Mount Olympus, mit 2432 Metern der höchste Berg des Parks. Auch für diesen Namen zeichnet ein Entdecker des 18. Jahrhunderts verantwortlich, der britische Kapitän John Meares. Als dieser 1788 die schneeglänzenden Spitzen des Berges in der Ferne erblickte, soll er ausgerufen haben: „Wenn dieser Berg auch nicht die Heimat der Götter ist, so wäre er doch mit seiner Schönheit würdig genug, es zu sein, und deshalb will ich ihn den Berg Olymp nennen."

Glücklicherweise lag die Olympic Peninsula lange in einem Dornröschenschlaf, da sie mit ihren Bergen, den dichten Wäldern und der wilden Küste so unzugänglich war. Bereits 1897 wurde ein großer Teil der Halbinsel zum Waldschutzgebiet erklärt. Wirklich aufatmen konnte die Natur jedoch erst 1938, als der amtierende US-Präsident, Franklin D. Roosevelt, das Gesetz zur Gründung des Olympic National Park unterzeichnete.

Als wir den Park vor zehn Jahren das erste Mal besuchten, staunten wir über die sanfte Schönheit der Landschaft um uns herum. Am Morgen waren wir in Seattle aufgebrochen, wo es wie immer laut und betriebsam zuging. Hier auf Hurricane Ridge nahte bereits der Abend, von den Tagesbesuchern fuhr einer nach dem anderen ab, und wir fühlten uns von einer wohltuenden Ruhe umfangen. Sie zog durch meine Gedankenwelt, schien hier und da etwas aufzuräumen und an seinen Platz zu legen, bis ich die Eindrücke der letzten Tage hinter mir gelassen hatte und angekommen war.

Wir schauten hinab auf ein endloses grünes Meer von Bäumen, das bis zum Horizont reichte. Zur anderen Seite hin ragten die weiß bepuderten Gipfel der Olympic Mountains auf. Bunte Wildblumen blühten in allen Farben, und hinter einem Gebüsch tauchte wie bestellt der Kopf eines neugierigen Schwarzwedelhirsches auf, lange genug, dass ich ein perfektes Porträtfoto von ihm aufnehmen konnte.

Am nächsten Tag fuhren wir an die Küste im Westen, und da erwartete uns ein ganz anderes Bild: Der Kiesstrand war übersät von kreuz und quer liegenden Baumstämmen. Kahl und bleich gewaschen von den Wellen des Pazifiks, gaben sie einen trostlosen Anblick ab, wie die Masten und Planken eines vor langer Zeit gestrandeten Schiffes, deren Passagiere das Meer in den Tod gerissen hat.

Nur zwanzig Meilen von der Küste entfernt wechselte das Bild abermals. Im dämmrigen Licht des Waldes wanderten wir durch eine grüne Märchenwelt, die von uralten Baumriesen mit dichten, langen Bärten aus Moos bevölkert war. Üppig wuchernde Farne versuchten, den Weg zu erobern, eine feuchte Kühle stieg vom Boden auf. Hier hat der Nebel, der vom Meer her ins Land dringt, einen einzigartigen Regenwald entstehen lassen.

Nicht irgendein Murmeltier

Die Schneeziege schaut inzwischen gelangweilt weg und beschäftigt sich kauend mit einem stacheligen Gewächs.

„Sie werden die Schneeziegen doch wohl nicht alle abschießen?“, frage ich Sandra beunruhigt.

„Sie wollen die meisten einfangen und in die North Cascades bringen, die Berge nordöstlich von Seattle“, weiß

Sandra. „Die Bestände dort sind überjagt und können eine Auffrischung gut gebrauchen."

Sie hat auch noch eine Gruselgeschichte auf Lager, die sich leider tatsächlich so abgespielt hat. „Vor einigen Jahren ist hier einmal ein Mann von einer Schneeziege angegriffen und tödlich verletzt worden", erzählt sie. „Der Fall sorgte damals für viel Aufsehen, und die Presse schrieb natürlich gleich über die ‚Killerziege. Dabei sind Schneeziegen eigentlich friedliche Tiere, wenn man ihnen nicht zu nahekommt. Niemand hat sich erklären können, warum diese eine Ziege so aggressiv geworden ist."

Auf dem Rückweg bleibt Sandra plötzlich wie angewurzelt stehen. „Schau mal da, zwischen den Bäumen!"

Auf einem Felsen, der über den Abgrund ragt, hockt ein Murmeltier, ein pelziges, gelbbraunes Tierchen mit hellgrauem Fell um die Schnauze. Es blickt einmal kurz in unsere Richtung, macht sich aber offenbar keine Sorgen, da wir weit genug weg sind.

„Das ist nicht irgendein Murmeltier", erklärt Sandra leise, „sondern das Olympische Murmeltier. Es ist im Nationalpark endemisch, das heißt, diese Art kommt nur hier vor."

Diese Murmeltierart weist einige Besonderheiten auf, die es von seinen Verwandten in anderen Bergregionen unterscheidet. Und auch von Phil, dem berühmten vierbeinigen Hauptdarsteller des Films *Und ewig grüßt das Murmeltier*. Während der letzten Eiszeit, so glauben die Forscher, muss eine kleine Gruppe von Tieren der Ursprungsart, dem Eisgrauen Murmeltier, Zuflucht an einem eisfreien Ort hier gefunden haben. Der war aber von der Außenwelt isoliert, und so entwickelte sich mit der Zeit eine Art mit anderen Merkmalen: das Olympische Murmeltier.

Das Tier da draußen auf seinem Felsen gibt plötzlich ein Pfeifen von sich, und schwupp, ist es weg.

Bevor wir wieder am Parkplatz ankommen, werden wir noch von einer Gruppe Schwarzwedelhirsche beäugt. Als sie uns ihre Hinterfront zuwenden, um gleich darauf lautlos zwischen den Bäumen zu verschwinden, kann ich feststellen, wie passend der Name für diese Tierart ist: Der Schwanz hat an der Oberseite eine schwarze Färbung.

Inzwischen habe ich das Gefühl, immer mehr zu einem Eiszapfen zu erstarren. Vor meinem geistigen Auge sehe ich einen Becher mit dampfendem Kakao. Von mir aus auch Tee oder Kaffee. Ganz egal, Hauptsache heiß. Sandra dagegen, in kurzem pinkfarbenen Wanderrock und nur einem leichten Anorak über dem T-Shirt, sieht noch putzmunter und gut gewärmt aus.

Monate später schreibt sie mir, dass die Parkverwaltung die Ziegen per Helikopter in die Bergregion der North Cascades ausgeflogen hat. Sie schickt mir einen Link zu einem kleinen Film, und ich kann mich überzeugen, dass es den Ziegen in ihrer neuen Heimat gutgeht.

Olympic National Park Visitor Center, 3002 Mount Angeles Road, Port Angeles
www.nps.gov/olym
https://www.nps.gov/media/video/view.htm?id=E03B2220-9E34-D544-C0F03D1EE052FCD8

16 Mit Fluchen und Schimpfen – die erste Geschäftsfrau von Seattle

„In der stinkenden Hölle sollst du schmoren, du verdammter Hundsfott, du Affenarsch, du Schweinebacke ..."

So tönte es aus einem offenen Fenster des Felker House, Seattles erstem und bisher einzigem Hotel. Es war Sonntag, und die brave Pioniersfrau, die gerade mit ihren fünf Kindern in Richtung Kirche ging, fuhr erschrocken zusammen. Blitzschnell fasste sie sich und kommandierte: „Kinder, Hände auf die Ohren!"

Die Kinder gehorchten umgehend. Nur der kleine Timothy, geübt in solchen Dingen, ließ bei seiner rechten Hand eine Lücke zwischen Zeige- und Mittelfinger, er wollte schließlich nichts verpassen. Was für interessante Wörter man da lernen konnte!

Die Stimme, die dort drinnen so skandalös fluchte und schimpfte, gehörte nicht einem ungehobelten Holzfäller, sondern einer Dame. Oder sagen wir: einer Frau. Denn die wohlanständigen Bürger von Seattle waren sich einig, dass Mary Ann Conklin, dieses grässliche Weibsbild, alles andere als eine Dame darstellte.

Mrs. Conklin bewirtschaftete das Hotel und tat dies in einer sehr speziellen Art und Weise. Sie war so durchsetzungsfähig wie ein General und besaß das Temperament eines gereizten Stiers. Aus ihrem üblen Mundwerk quollen Schimpfkanonaden und gotteslästerliche Flüche in Serie hervor, womit sie Angestellte, Lieferanten und Gäste, ganz gleich, welche Position letztere bekleideten, erfolgreich in

Schach hielt. Man nannte sie „Mother Damnable", was so viel bedeutet wie „Mutter Abscheulich".

Ursprünglich kam sie aus Pennsylvania, wo sie 1821 als Mary Ann Boyer auf die Welt kam. Um das Jahr 1851 traf sie Kapitän David W. Conklin, einen bulligen Typen mit meist schlechter Laune, der mit seinem Schiff im Nordpazifik auf Walfang ging. Die beiden heirateten, und Mary Ann kam mit aufs Schiff, um für die Mannschaft zu kochen. Das war eine lehrreiche Zeit für sie: Nach einigen Wochen und Monaten auf See verfügte sie über ein reichhaltiges Vokabular von Flüchen und Schimpfwörtern in sechs Sprachen. Die wendete sie allerdings auch auf ihren Mann an, bis Conklin eines Abends völlig entnervt brüllte: „Frau, du machst mich wahnsinnig! Sieh zu, dass du fortkommst und lass dich nie wieder auf meinem Schiff blicken!"

Der Walfänger lag gerade im Hafen von Port Townsend vor Anker, einer Ortschaft am nordwestlichen Ende des Puget Sound. Was genau Mary Ann ihrem Mann antwortete, soll an dieser Stelle nicht wiederholt werden, es sei nur erwähnt, dass sie ihm von Herzen baldigen Schiffbruch wünschte. Während dunkelgraue Gewitterwolken sich in einem Platzregen entluden, marschierte sie hocherhobenen Hauptes und ohne sich noch einmal umzublicken die nasse Gangway hinunter zu der hölzernen Pier.

Jede andere junge Frau in dieser Situation wäre nun in höchsten Nöten gewesen, doch Mary Ann war aus einem härteren Holz geschnitzt und kam ganz gut ohne männlichen Schutz zurecht. Außerdem hatte sie von Männern erst einmal die Nase voll. Als Nächstes suchte sie sich eine Mitfahrgelegenheit nach Seattle. In der kleinen Boomtown, so ihre Überlegung, würde es schon Möglichkeiten für sie geben.

Mit dem Fertighaus um Kap Hoorn

Doc Maynard war von der Vision getrieben, dass das winzige Dorf an der Elliott Bay einst als bedeutende Hafenmetropole glänzen würde, und er wollte seinen Teil dazu beitragen, diese Vision Wirklichkeit werden zu lassen.

„Felker, mein Freund", sagte er eines Tages im Jahr 1853 zu Kapitän Leonard Felker, „was Seattle dringend braucht, ist ein Hotel. Es ist mir mittlerweile wirklich peinlich, dass es hier keine ordentlichen Unterkünfte für Reisende gibt. Ich schlage dir eine Investition vor, die sich lohnen wird: Ich verkaufe dir eines meiner besten Grundstücke zum Freundschaftspreis, und du baust ein Hotel dorthin, das sich sehen lassen kann. Du hast drei Monate Zeit."

Der Kaufpreis, den der Doc nannte, war geradezu lächerlich niedrig, und der Kapitän schlug sofort ein. Ein Sahnestückchen von einem Grundstück! So dachte er ganz begeistert, bemühte sich aber, es nicht zu deutlich zu zeigen. Sonst hätte Maynard womöglich noch den Preis erhöht. Es ergab sich, dass Felker mit seiner Brigg sowieso gerade eine Tour nach Boston an der Ostküste vorhatte, so konnte er das Baumaterial für das Haus praktisch im Vorbeifahren beschaffen.

Die Menschen in der kleinen Siedlung wohnten bisher in primitiven, grob gezimmerten Blockhütten. Was Maynard dagegen vorschwebte, war ein Holzhaus der feineren Art, schließlich sollten sich auch Reisende aus zivilisierteren Gegenden hier wohlfühlen. Weil aber Henry Yesler seine geplante Sägemühle noch nicht in Betrieb genommen hatte, fehlten auch die entsprechenden Produkte, nämlich Bretter, Dielen und Bohlen.

In Boston hielt Kapitän Felker sich nicht mit Bretterstapeln auf, sondern kaufte gleich ein ganzes Fertighaus, zerlegt in Einzelteile, die er auf sein Schiff laden ließ. Dann segelte er mit seiner Fracht bis in den tiefsten Süden, um Kap Hoorn herum und wieder nach Norden, bis er im Hafen von Seattle festmachen konnte.

Auf dem Bauplatz an der Ecke South Main Street und 1st Avenue South fand sich jeden Tag eine Handvoll Zuschauer ein, die fasziniert beobachteten, wie das Gebäude innerhalb kürzester Zeit in die Höhe wuchs. Es war in L-Form gebaut, besaß zwei Stockwerke, und vorne erstreckte sich über die gesamte Breite ein Balkon.

Mit leiser Wehmut erinnerten sich die Leute daran, dass sie selbst einmal in Häusern dieser Art gewohnt hatten. Lag das wirklich erst zwei Jahre zurück? Es erschien ihnen wie eine Ewigkeit. „So ein schönes Haus", sagten sie staunend, „es könnte im besten Viertel von Boston stehen!" Als Doc Maynard das hörte, lächelte er zufrieden. Genau diesen Effekt hatte er beabsichtigt. Kein Zweifel, mit Seattle ging es voran!

Eine tüchtige Wirtin

Felker House, so nannte der Kapitän sein Hotel. Es wirkte vornehm, wie poliert. Von den Blockhäusern der Pioniere hob es sich ab wie eine fremdartige Schönheit. Die Wände innen waren ordentlich verputzt und tapeziert, die fertig eingerichteten Zimmer warteten auf Gäste, und in der neuen Küche würde es schon bald aus vollen Kochtöpfen duften. Was fehlte? Eine tüchtige Wirtin.

Da traf es sich gut, dass Mary Ann Conklin gerade in die Stadt gekommen war, und Felker fand, dass sie einen sehr kompetenten Eindruck machte. Er engagierte sie auf der Stelle, was vermuten lässt, dass sie ihr Mundwerk bei dieser Begegnung gezügelt hat. Auswahl hatte er ohnehin nicht, denn in Seattle waren weibliche Arbeitskräfte rar. Die wenigen erwachsenen Frauen, die hier lebten, mussten sich um den Haushalt und ihre zahlreichen Kinder kümmern.

Mrs. Conklin wurde sofort der Boss von Felkers Hotel, das inoffiziell bald den Namen Conklin House trug. Sie scheuchte die Zimmermädchen herum, damit die Zimmer gefegt und die Betten mit frischen Laken bezogen waren, sie brachte ordentliche Mahlzeiten auf den Tisch, und sie sorgte dafür, dass hinterher die Kasse stimmte. Die Zimmermädchen lernten zu parieren, und auch die Gäste verstanden sehr schnell, dass es besser war, keine Extrawünsche oder womöglich Kritik zu äußern. Wer das nicht begriffen hatte, machte Bekanntschaft mit Mother Damnable's Schimpftiraden und Flüchen, vorgetragen in verschiedenen Sprachen, je nach Bedarf. Der kleine Timothy, der gerne den Weg am Hotel vorbei nahm, konnte seinen Wortschatz jedenfalls immer wieder erweitern.

Zimmer, die gerade nicht genutzt wurden, vermietete Mrs. Conklin tagsüber auch als Sitzungsräume, und dafür verlangte sie horrende Preise: Mitglieder der Territorialverwaltung mussten 25 Dollar Miete pro Tag (was heute einem Gegenwert von 750 Dollar entsprechen würde) für ein Zimmer hinlegen, das sie als Gerichtssaal nutzten, und noch einmal zehn Dollar für einen Raum, in dem die Geschworenen saßen.

Ein übereifriger Staatsanwalt beging einmal den Fehler, nach einer Quittung zu fragen. Das versetzte die Chefin sofort in Rage. Sie griff in den Korb mit dem Feuerholz neben dem Kamin, schleuderte ein paar Scheite in Richtung des Fragenden und brüllte: „Da haben Sie Ihre Quittung!“

Rotlicht in den Hinterzimmern

„Felker, mein Freund“, sagte Doc Maynard eines Abends, als sie bei einem guten Glas Whiskey zusammensaßen, „dein Hotel läuft gut, habe ich gehört. Was wir in Seattle aber noch brauchen, das ist ein ordentlich geführtes Bordell.“

Das kam so plötzlich und unerwartet, dass Felker sich verschluckte und anfing zu husten.

„Ich halte nichts davon, menschliche Bedürfnisse zu ignorieren“, fuhr Maynard fort, „auch wenn Asketen und Abstinenzler wie der brave Arthur meinen, vor ihrem Schöpfer damit glänzen zu können. Aber vielen jungen Männern hier fehlt weibliche Gesellschaft, und ich denke, in einem aufstrebenden Frontier-Städtchen wie Seattle trägt auch das Laster zur wirtschaftlichen Entwicklung bei. Was meinst du dazu? In deinem Hotel ist doch sicher noch ein wenig Platz.“

„Nun ja“, sagte Felker gedehnt, und dann bekannte er, dass Mrs. Conklin sich bereits in der vom Doc vorgeschlagenen Richtung betätigte. Ein paar Hinterzimmer habe sie für diese Zwecke schon reserviert.

„Na, dann ist ja alles bestens“, sagte Maynard und schenkte sich großzügig aus der Whiskeyflasche nach, die auf dem Tisch stand. „Weiter so, mein Freund!“

Dass im Conklin House ein Bordell betrieben wurde, blieb den Leuten in Seattle natürlich nicht verborgen. Sie nahmen es hin, der eine oder andere männliche Bewohner nutzte es diskret, Durchreisende sowieso, und zu Mrs. Conklins bisherigen Spitznamen kam ein weiterer hinzu: Madame Damnable. Denn das französische „Madame“ bedeutet im Englischen nichts anderes als Puffmutter.

Als Mary Ann Conklin im Jahr 1873 starb, war sie als Mother – oder Madame – Damnable nicht nur in Seattle legendär geworden, sondern an der ganzen Westküste bis nach San Francisco hinunter. Und selbst nach ihrem Tod fand die Legende noch eine Fortsetzung, und das kam so: Zunächst wurden Conklins sterbliche Überreste auf dem ersten städtischen Friedhof von Seattle beigesetzt. Etwa zehn Jahre später dann sollte der Friedhof in einen Park umgewandelt werden, was bedeutete, dass man die Gräber verlegen musste. Als die Arbeiter Mary Ann Conklins Sarg ausgruben, kam er ihnen ungewöhnlich schwer vor. Neugierig öffneten sie den Deckel – und fuhren erschrocken zurück. Eine etwas verstaubte, sonst aber völlig unversehrte Leiche starrte sie an. Mary Ann war ganz und gar zu Stein geworden.

Als die Zeitungen über die Sensation berichteten, hatte die Öffentlichkeit schnell eine Erklärung parat. Die Madame sei ja für ihre Dickköpfigkeit bekannt gewesen, und bei einem so harten Schädel sei es kein Wunder, dass sie sich in Stein verwandelt habe.

Was hätte Mary Ann Conklin dazu gesagt? Vermutlich Folgendes: „Verdammt noch mal, ihr Hornochsen, ich war die erste Geschäftsfrau in Seattle – glaubt ihr Idioten etwa, das hätte ich mit Sanftmütigkeit geschafft? Schert euch doch alle zum Teufel!“

Mary Ann Conklins Grab befindet sich auf dem Lake View Cemetery, 1554 15th Avenue East, Seattle.

17 Keep clam! – Ivar Haglunds Acres of Clam

„Was essen die Leute in Seattle?“, fragte ich Pauline. Wir hatten uns in einem winzigen Café getroffen, das in einer schmalen Seitenstraße lag, abseits aller Touristenströme. Das Mobiliar stammte vom Flohmarkt, doch der Kaffee, frisch aus der italienischen Espressomaschine, schmeckte wunderbar, ebenso wie der Kuchen.

Pauline lachte. „Na, Burger, Pommes und Pizza, wie alle anderen Amerikaner auch.“

„Ach komm, du weißt schon, was ich meine. Gibt es etwas, das typisch ist für Seattle?“

„Erstens: Fisch. Zweitens: Fisch. Drittens: Fisch“, erwiderte Pauline. „Das heißt, alles, was im Meer schwimmt und essbar ist.“

„Also wie bei Ivar's zum Beispiel“, sagte ich.

Das Fischrestaurant Ivar's Acres of Clams ist so bekannt, dass es in jedem Reiseführer erwähnt wird. Der Name bezieht sich auf die ausgedehnten Muschelbänke am Puget Sound, und gleichzeitig weist er auf die Hauptzutat aller Gerichte hin, die in dem Lokal auf den Tisch kommen. Wer dort seine Muschelsuppe löffelt, bekommt den Meeresblick gratis dazu serviert, denn das Restaurant liegt am Pier 54 und damit direkt an der Elliott Bay.

Pauline verzog so gequält das Gesicht, als hätte ich von einer schmuddeligen Spelunke gesprochen, wo in schmierigen Töpfen Rattenragout geschmort wird. „Ivar's“, sagte sie gedehnt und mit gerümpfter Nase. Offenkundig hielt sie nicht viel von dieser Lokalität. „Der Laden ist mir einfach zu groß, zu etabliert“, erklärte sie, „außerdem hat er zahlreiche Ableger, und ich habe was gegen Restaurantketten." Sie nahm einen herzhaften Bissen von ihrem Karottenkuchen, und mir fiel auf, dass die Marzipanmöhrchen die gleiche Farbe hatten wie Paulines hennarote Haare.

„Ich mag die kleinen Lokale hier in Seattle", fuhr sie fort, „und finde es wunderbar, wenn da ein begeisterter Koch mit Phantasie und Leidenschaft am Werke ist. So einer kann dir von jedem Fischlein erzählen, wo es zuletzt herumgeschwommen ist, an welchem Marktstand er sein Gemüse gekauft hat und auf welchem Acker die Kartoffeln geerntet wurden. Und die Rezepte kursieren meistens schon seit Generationen in der Familie."

Pauline sah selbst ganz begeistert aus, wie sie dasaß, mit einem Stück Karottenkuchen in der Hand gestikulierend. Mir persönlich ist ja die Abstammungslinie von Kartoffeln nicht so wichtig, solange sie noch aus echter Erde gebuddelt werden. „Du meinst also, bei Ivar's kochen sie gelangweilt und einfallslos, und dann hauen sie einem das Zeug lustlos auf den Teller?"

Pauline grinste. „Keine Ahnung, interessiert mich auch nicht." Sie schnipste ein paar Krümel von ihrer bestickten Bluse, dann nahm ihr Gesicht einen nachdenklichen Ausdruck an. „Wobei ich zugeben muss, dass Ivar Haglund schon ein ziemlich cooler Typ war ..."

Ein Herz für Seattle

Ivar Haglund war ein bunter Hund, ein stadtbekanntes Original und ein echter „Seattleite". Er kam am 21. März 1905 in Seattle zur Welt, als Sohn eines schwedischen Vaters und einer norwegischen Mutter. Weil seine Mutter früh starb, kümmerten sich außer dem Vater auch einige

Verwandte um ihn. Ivar bewunderte vor allem seinen Onkel Edmond, von ihm lernte er, Gitarre zu spielen und dazu zu singen.

„Der Junge hat ein erstaunliches Talent!“, hieß es in der Familie und in der Schule.

Ivar liebte die Bühne und das Rampenlicht! Und machte aus seinem Hobby einen Beruf. Anfang der dreißiger Jahre war Ivar Haglund ein gefragter Sänger und Entertainer in der Region geworden. Sein Repertoire umfasste über 200 Folksongs des Nordwestens. Die Lieder trug er aber nicht einfach vor, vielmehr baute er sein Programm mit Elementen von Stepptanz und Comedy zur Unterhaltungsshow aus.

Und was ist mit dem Fisch? Der kam später – erst lebendig, dann gebraten. Ende der dreißiger Jahre fand Haglund, es sei an der Zeit, sich auch als Geschäftsmann zu versuchen, und eröffnete am Pier 54 ein Aquarium. Dessen Bewohner hatte er einfach im Puget Sound gefangen. Oft konnte man ihn vor dem Eingang sitzen sehen, mit einer Kapitänsmütze auf dem Kopf und der Gitarre in den Händen. Wenn er dann die Lieder sang, die er sich über Seehund, Oktopus und Krebs ausgedacht hatte, hörten ihm vor allem die Kinder hingerissen zu.

Sein wichtigster Werbeträger war Patsy, ein junger Seehund. Einmal, es war in der Vorweihnachtszeit, zog er Patsy Kleidchen und Spitzenhäubchen an, setzte ihn in einen Kinderwagen und spazierte mit ihm über den Pike Place Market. Nach diesem Auftritt stiegen die Besucherzahlen für seine schwimmende Menagerie rasant an.

Bald stellte Haglund fest, dass seine Besucher häufig hungrig waren, und was lag da näher, als direkt neben dem Aquarium auch noch eine Fischbude aufzumachen? Anscheinend verwandelte sich alles, was das Multitalent anpackte, in dicke Dollarbündel, denn täglich standen die Leute in langen Schlangen vor „Ivar's Fish Bar" an, um „Red Clam Chowder", die Muschelsuppe, oder „Fish 'n Chips" zu bestellen.

Im Jahr 1946 folgte schließlich ein richtiges Restaurant, Ivar's Acres of Clams, dekoriert mit reichlich Seemanns-Zubehör. Die Fischbude mit dem Straßenverkauf blieb jedoch erhalten, sie ist noch heute Teil des Business. Das Aquarium allerdings musste 1956 schließen, da das Wasser aus dem Puget Sound, das durch die Becken geleitet wurde, zu schmutzig geworden war.

In Haglunds Leben gab es eine Extra-Abteilung, die für Spiel, Spaß und lustige Streiche reserviert war. Mit kreativen Aktionen sicherte er sich immer wieder die Aufmerksamkeit der Presse. Einmal ließ er ein paar tausend amtlich aussehende, aber nicht gültige Vier-Cent-Briefmarken drucken, auf denen eine Muschel abgebildet war. Einige Bögen davon schickte er zusammen mit einer Box frischer Muscheln an zwei Senatoren des Bundesstaats Washington, um sie auf diese Weise aufzufordern, das Meerestier mit einer echten Briefmarke zu ehren. Als die Postbehörde davon Wind bekam, konfiszierte sie den Rest der falschen Postwertzeichen.

Auf den Fake-Briefmarken war auch Haglunds Motto zu lesen, ein Wortspiel: „Keep Clam" – in Anlehnung an „keep calm" (bleib ruhig). „Das ist doch völlig ohne Sinn!", knurrten humorlose Zeitgenossen, doch Haglund brauchte keinen Sinn, ihm ging es um das Spielerische. Einprägsam war und ist der Spruch auf jeden Fall.

Haglund gelang es mühelos, die Fisch-Gastronomie mit seiner Musik zu verbinden. Er hatte sogar eine eigene Radiosendung, in der er mit seinen Folksongs auftrat, immer verbunden mit viel Witz und Spaß. Ein Lied liebte er besonders, den „Old Settler's Song", das Lied des alten Siedlers. Aus dem Refrain, der mit der Zeile endet „surrounded by acres of clams" (umgeben von hektarweise Muscheln), entstand schließlich der Name des Restaurants.

Wohl kaum einem lag die Stadt Seattle so sehr am Herzen wie dem singenden Restaurantbesitzer. Mit seinem Geld sponserte er zahlreiche Projekte und soziale Zwecke. Viele Jahre lang spendierte er den Leuten zum Unabhängigkeitstag eine grandiose Feuerwerksshow, wie man sie zuvor noch nie erlebt hatte. Und damit wurde er endgültig zur Legende.

Ivar Haglund starb am 30. Januar 1985 – was die Stadt nicht daran hinderte, seinen achtzigsten Geburtstag knapp zwei Monate später trotzdem zu feiern. Hätte Haglund es nicht selbst so gewollt? Vor der Waterfront bildete sich eine Parade von Dampfern, die alle ihre Schiffssirenen ertönen ließen, und oben in der Luft schaukelte ein riesiger Ballon im Wind, er trug die Aufschrift „Happy Birthday Ivar".

Nach Haglunds Tod errichtete man vor seinem ersten Restaurant ein Denkmal in Form einer Skulptur. Sie zeigt den alten Herrn mit Kapitänsmütze, wie er ein paar überdimensional große Seemöwen füttert. Denn auch für die Möwen hatte er zu Lebzeiten immer ein Herz gehabt.

Ein chowderhafter Verrat

„In seinem Restaurant war er eher selten anzutreffen", sagte Pauline. „Kein Wunder, bei all den Aktivitäten. Der Mann hat ja schneller Ideen produziert, als ein geübtes Huhn Eier legt."

„Hast du ihn gekannt?", fragte ich.

Pauline nickte. „Ja, aber nur flüchtig. Er hatte wirklich einen umwerfenden Sinn für Humor. Und er besaß die seltene Gabe, über sich selbst zu lachen. Wenn es ihm in den Kram passte, spielte er den einfältigen Schweden oder Norweger."

„Klingt doch alles ganz sympathisch", sagte ich. „Warum schaust du dann jedes Mal, als hättest du in eine Zitrone gebissen, wenn die Rede auf Haglunds Restaurants kommt?"

Pauline setzte eine überlegene Miene auf. „Ich kann das sehr wohl trennen: den Mann als Persönlichkeit einerseits und seine Geschäfte andererseits. Und du weißt doch: Ich bin ein absoluter Gegner von Systemgastronomie!" Letzteres kam mit so viel Überzeugung, dass ich mich nicht traute, eine Diskussion mit ihr anzufangen.

Pauline musste zu ihrer nächsten Yogagruppe, deshalb verabschiedeten wir uns bald. Kaum war sie außer Sicht, da griff ich zum Handy und reservierte einen Tisch bei Ivar's Acres of Clams. Man muss sich doch eine eigene Meinung bilden!

Was für eine blöde Idee, dachte ich später, als ich die Speisekarte in den Händen hielt und auf den ersten Blick nichts fand, was mir zusagte. Mit Muscheln und anderen Meeresfrüchten hätte man mich Pier 54 hinauf- und hinunterjagen können. Ich überlegte schon, wieder zu gehen, da entdeckte ich eine Sorte Chowder, in der statt der Muscheln Lachsstücke herumschwimmen würden. Na bitte, geht doch!

Die Suppe schmeckte ausgezeichnet. Sollte ich es Pauline erzählen? Lieber nicht, dachte ich, womöglich nimmt sie mir meinen Verrat noch übel.

Ivar's Acres of Clams, Pier 54 Walk, 1001 Alaskan Way, Seattle
www.ivars.com

18 Essen wie Gott in Seattle – Wildlachs und Dutch Babies

Auf dem Display meines Handys erschien eine Textnachricht von Pauline. „Carlos kommt am Freitagabend, wir wollen zusammen kochen. Du bist herzlich eingeladen, zuzuschauen und mitzuessen!“

„Super, gerne, vielen Dank!“, schrieb ich zurück.

Carlos ist Paulines Sohn, 31 Jahre alt und so unverschämt erfolgreich mit seiner IT-Firma, dass es seiner Mutter fast peinlich ist. Als überzeugte Anhängerin der Alternativkultur begegnet sie kommerziellem Erfolg mit großem Misstrauen. Aber auf den eigenen Sohn darf man schon stolz sein, nicht wahr? Na ja, immerhin ist er schwul, das gehört für Pauline auch in die Kategorie ‚alternativ‘.

Als ich bei ihr ankam, war Carlos gerade dabei, den Inhalt einer großen braunen Papiertragetasche auszupacken. Auf der Küchenarbeitsplatte lagen bereits ein Paket mit Lachsfilets, zwei Salatgurken, eine Knoblauchknolle, Bündel mit Petersilie und Schnittlauch und zwei Zitronen. Carlos stellte noch ein paar Flaschen Weißwein in den Kühlschrank.

„Es gibt Wildlachsfilets in Honig-Knoblauch-Sauce mit Gurkensalat“, verkündete Pauline. Sie trug eine Küchenschürze, auf der die Aufschrift „Slow Food“ prangte, illustriert mit einer knallroten Schnecke.

„Kann ich helfen?“, fragte ich.

Carlos schüttelte den Kopf. „Nicht nötig. Es ist ein einfaches Rezept und nicht weiter kompliziert. Aber unheimlich lecker!“ Er holte ein rosafarbenes Haargummi aus der Hosentasche und band sich die schulterlangen schwarzen Haare hinten zu einem Zopf zusammen, damit sie ihm beim Kochen nicht im Weg waren.

„Du brauchst nichts weiter zu tun als zuzuschauen“, sagte Pauline.

Und genau das tat ich. Ich setzte mich an den kleinen Küchentisch, zog die Beine hoch und beobachtete das Kochschauspiel, das sich vor meinen Augen entfaltete. Es wirkte wie eine Choreographie, denn Mutter und Sohn bewegten sich elegant umeinander herum und waren einander nie im Weg – das perfekt eingespielte Team.

„Er hat schon als kleiner Junge immer in die Töpfe geschaut und wollte mitmachen“, erzählte Pauline, während sie Schnittlauchhalme mit einem scharfen Messer in kleine Röllchen zerteilte.

Carlos warf ein dickes Stück Butter in eine heiße Pfanne. Die Butter zischte und schäumte, und als sie schon leicht braun wurde, gab er zerdrückten Knoblauch hinzu und anschließend reichlich Honig und etwas Zitronensaft. Ein unbeschreiblich guter Duft erfüllte die Küche, und ich schloss für einen Moment die Augen, um mich auf diese herrliche Geruchskomposition zu konzentrieren.

Flink legte Carlos die vorbereiteten Lachsfilets in die Pfanne, und während sie brieten, träufelte er mit einem kleinen Löffel immer wieder Sauce auf den Fisch. Um den Geschmack abzurunden, steckte er noch Zitronenscheiben in die Zwischenräume. Nach ein paar Minuten schob er die Pfanne samt Inhalt in den vorgeheizten Backofen.

In der Zwischenzeit hatte Pauline aus Olivenöl, Zitronensaft, Kräutern, Salz und Pfeffer eine Salatsauce gerührt und die Gurken in papierdünne Scheiben geschnitten.

„Ich vermische beides erst kurz vor dem Essen“, erklärte sie, „damit das Ganze nicht zu wässrig wird.“

Sie eilte ins Esszimmer, um den Tisch zu decken. Die bunten Teller, die Weingläser und das Besteck, nichts passte zusammen, aber ich fand es umso gemütlicher. Zu formell gedeckte Tafeln erinnern mich immer an meine Kindheit, wo es vor allem um das Einhalten von Tischmanieren ging und viel zu selten um ein fröhliches Miteinander.

Der Tisch war für vier Personen gedeckt. Während ich überlegte, ob wohl noch jemand eingeladen war, klingelte es an der Haustür, und gleich darauf kam Simon herein, Carlos‘ Freund, ein muskulöser, kräftiger Mann mit sehr kurzen Haaren und freundlichen braunen Augen. Pauline hatte mir zuvor schon verraten, dass die beiden Jungs, wie sie sich ausdrückte, im nächsten Jahr heiraten wollten.

Die drei gaben mir das Gefühl, ein Teil der Familie zu sein, als wir zusammen um den Tisch saßen, erzählten und lachten und die Schüsseln herumreichten. Der Lachs war herrlich zart und würzig, der Gurkensalat schmeckte wie frisch aus dem Garten, und das knusprige Brot, das es dazu gab, eignete sich hervorragend, die letzten Reste der köstlichen Honig-Knoblauch-Sauce aufzutunken. In den Gläsern perlte ein fruchtiger Chardonnay aus dem Yakima Valley, der großen Weinbauregion im Südosten des Bundesstaats Washington.

Das Geheimrezept der Familie Manca

Mit meinem Weinglas in der Hand lehnte ich mich satt und zufrieden zurück, da fragte Carlos in die Runde: „Was haltet ihr von Dutch Babies als Nachtisch?“

„Keine Ahnung, was das ist, klingt aber auf jeden Fall verlockend“, sagte ich und bemühte mich, nicht zu gierig auszusehen. Nachtisch geht bei mir immer, egal, was und wie viel ich vorher gegessen habe.

„Yeah, Honey, back uns 'ne Runde Dutch Babies“, rief Simon. „Ich könnte noch ein paar vertragen.“

Carlos verzog sich in die Küche, und Pauline, die sich mit Lokalhistorie auskennt, erklärte mir, was sich hinter dem seltsamen Namen verbarg. „Dutch Babies sind eine Art Pfannkuchen“, sagte sie und nahm einen Schluck von ihrem Wein. „Es heißt, dass das Rezept in einem Café in Seattle entstanden ist, deswegen gilt es als typisch für die Stadt.“

Sie erzählte, dass Ende des neunzehnten Jahrhunderts ein Mann namens Victor Manca mit seiner Familie nach Seattle gekommen sei. Er hatte vorher in Salt Lake City gelebt, der Stadt der Mormonen, doch als Katholik fühlte er sich dort nicht so recht zu Hause. In der Innenstadt von Seattle eröffnete er nun ein eigenes Restaurant mit dem Namen Manca's Café. Die Angestellten, die in der City arbeiteten, trafen sich gerne zum Frühstück oder Lunch dort, und Victor freute sich, dass der Laden so gut lief.

Sein Erfolg war aber auch darauf zurückzuführen, dass er mit Phantasie und Hingabe kochte und backte und seinen Gästen immer wieder neue Kreationen anbieten konnte. Am beliebtesten war das „Dutch Baby“, ein Pfannkuchen, der vermutlich auf den deutschen Apfelpfannkuchen zurückgeht. In Manca's Café gab es ihn in zahlreichen Varianten, und ganz gleich, ob er mit Apfelstückchen gebacken, mit Beeren belegt oder einfach nur mit Zimt und Zucker bestreut wurde, er schmeckte köstlich.

Nach einer Legende der Familie war es Victors Tochter, die den Namen erfand. Als Kind hatte sie gehört, dass das ursprüngliche Rezept aus Deutschland stammte, und für sie lag es nahe, „Dutch“ (holländisch) mit „deutsch“ in Verbindung zu bringen. Oder aber sie konnte das Wort „deutsch“ nicht richtig aussprechen. Warum sie die Pfannkuchen als Babys bezeichnete, ist allerdings nicht überliefert. Wie auch immer, das süße Gericht fand unter dem besagten Namen Eingang in die Speisekarte des Cafés und war schon bald nicht mehr wegzudenken.

„Irgendwann in den fünfziger Jahren musste Manca's Café schließen“, sagte Pauline, während sie kleine Teller für das Dessert auf dem Tisch verteilte. „Warum, das weiß ich nicht. Aber die Dutch Babies haben sich überall verbreitet. Das Familienrezept ist zwar bis heute streng geheim geblieben, aber es darf ja jeder die offensichtlichen Zutaten, also Eier, Mehl, Milch, Zucker und Butter, zusammenmixen und daraus Pfannkuchen backen. Und im Idealfall sehen sie dann so aus wie richtige Dutch Babies.“

In diesem Moment kam Carlos wieder ins Esszimmer, er hielt mit beiden Händen eine große schwere Pfanne am Griff fest. Als er sie auf dem Tisch absetzte, zeigte Pauline auf den goldgelben Inhalt und sagte anerkennend: „Das da ist jedenfalls ein echtes Dutch Baby geworden.“ Sie warf ihrem Sohn ein liebevolles Lächeln zu.

Der Pfannkuchen war ein paar Zentimeter hoch aufgegangen. Und er duftete so verführerisch! Carlos legte jedem von uns ein Stück auf den Teller. Wir streuten Zimt und Zucker darüber und – ja, was soll ich sagen? Es schmeckte mir mindestens so wunderbar wie damals den Gästen in Manca's Café. Das zweite Dutch Baby, das Carlos aus dem Ofen holte, wurde zum größten Teil von Simon verspeist. Was der alles essen konnte, der Mann!

Längst hatte sich die Dunkelheit über Seattle gesenkt, als ich zum Abschied noch einmal jeden fest umarmte. Es war einer jener Abende, für die in meinem Gedächtnis ein Extra-Fach mit der Aufschrift „Glück“ existiert.

Zu Hause, so nahm ich mir vor, würde ich Freunde zu Lachs und Dutch Babies einladen und ihnen von dieser schönen, verrückten und zauberhaften Stadt Seattle erzählen. Und vor allem von den freundlichen, warmherzigen Menschen, die hier leben.

Wollen Sie die Köstlichkeiten des Nordwestens auch in Ihrer Küche hervorzaubern? Hier folgen die Rezepte in der ausführlichen Version.

Wildlachsfilets in Honig-Knoblauch-Sauce mit Gurkensalat

Zutaten für 4 Personen:

4 Stück Wildlachsfilet, am besten ohne die Haut, 4 Knoblauchzehen, 2 Zitronen, 2 EL Butter, 4 EL flüssigen Honig, ½ TL mildes Paprikagewürz, Salz, Pfeffer.

Für den Gurkensalat: 2 Salatgurken, 3 EL Schnittlauchröllchen, 2 EL gehackte Petersilie, ½ Schalotte, sehr fein gehackt, 3 EL Olivenöl, 2 EL Zitronensaft, Salz, Pfeffer.

Zubereitung:

Oberhitze des Backofens auf mittlere Hitze vorheizen. Lachsfilets mit Salz, Pfeffer und Paprika würzen und beiseitelegen. Butter in einer Pfanne (mit Metallgriff) bei mittlerer Hitze schmelzen lassen. Zerdrückten Knoblauch hinzufügen, verrühren und ca. 1 Minute braten. Honig, 1 EL Zitronensaft und 1 EL Wasser hinzufügen, alles kurz durchziehen lassen.

Vorbereitete Lachsfilets in die Pfanne legen und 3 – 4 Minuten braten, dabei immer wieder mit Sauce beträufeln. Mit Salz und Pfeffer abschmecken. Für einen zitronigen Geschmack Zitronenscheiben um die Lachsfilets legen. Noch einmal mit Sauce bestreichen, dann in den Backofen schieben (mittlere Schiene) und 5 – 6 Minuten backen. Zum Servieren mit Sauce und ein paar Spritzern Zitronensaft beträufeln.

Gurkensalat: Olivenöl, Zitronensaft, Salz, Pfeffer, kleingehackte Kräuter und fein geschnittene Schalotte zu einem Salatdressing verrühren. Salatgurken waschen, eventuell schälen, in sehr feine Scheiben schneiden und in eine Schüssel geben. Dressing kurz vor dem Servieren hinzufügen.

Zu Lachs und Gurkensalat passen knuspriges Weizen- oder Roggenbrot.

Dutch Babies

Zutaten für einen Pfannkuchen:

3 Eier, 60 g Mehl, 120 ml Milch, 1 EL Zucker, ½ TL Vanilleextrakt, 60 g Butter; die Zutaten sollten Zimmertemperatur haben.

Zum Bestreuen bzw. Bestreichen: Puderzucker, Zimt und Zucker, Ahornsirup, Marmelade oder was Ihnen sonst so einfällt.

Zubereitung:

Backofen auf 220 °C vorheizen. Zucker, Mehl, Eier, Vanilleextrakt und Milch zu einer glatten Masse verrühren. Butter in einer Pfanne (ca. 25 cm Durchmesser, mit Metallgriff) schmelzen lassen. Den Teig einfüllen und den Pfannkuchen 20 Minuten lang im Backofen backen, bis er aufgegangen ist und eine goldgelbe Farbe angenommen hat. Bei 150 °C noch 5 Minuten weiterbacken.

Pfannkuchen aus dem Backofen holen und ein paar Minuten stehen lassen. In Viertel oder Achtel teilen und heiß servieren, mit Puderzucker oder anderen Zutaten, siehe oben, genießen.

19 Freiheit für den Fluss – der lange Kampf um den Elwha River

Ein ohrenbetäubendes Rattern schallte durch das sonst so beschauliche Tal des Elwha River, als sich der Hydraulikhammer wieder und wieder in die Betonmauer bohrte. Hirsche waren erschrocken davongesprungen, Mäuse und Streifenhörnchen hatten sich eilig in ihre Erdlöcher verkrochen, und die Vögel verzogen sich mit Gezeter auf weiter entfernte Bäume.

Für viele Menschen in der Umgebung jedoch hätte es an diesem Tag im September 2011 kein schöneres Geräusch geben können, zeigte ihnen das Rattern doch laut und deutlich, dass ein lange gehegter Wunsch nun endlich in Erfüllung ging: der Abriss der Staudämme. Der Elwha River, der im Herzen des Olympic National Park entspringt und von dort in vielen Windungen seinen Weg zur Pazifikküste weiter nördlich sucht, dieser Fluss würde bald wieder frei fließen dürfen. So, wie schon in Jahrtausenden zuvor – mit Ausnahme der letzten hundert Jahre.

Während dieser Zeit nämlich hatten zwei Staudämme seinen natürlichen Lauf behindert. Stauseen bildeten sich, wo keine hingehörten, und die Lachse, die vom Pazifik zu ihrem Geburtsort am Oberlauf des Flusses heimkehren wollten, um zu laichen, fanden ihren Weg versperrt.

Die erste Staumauer, den Elwha Dam, hatte der Unternehmer Thomas T. Aldwell gebaut. Aldwell war 1890 als junger Mann nach Port Angeles gekommen, auf der Suche nach neuen geschäftlichen Möglichkeiten. Als Geschäftsmann mit Weitblick erkannte er das Potenzial, das in dem abgelegenen Hafenstädtchen steckte.

„Und wie bringt man die Wirtschaft in Schwung?", fragte er seine Freunde abends in der Bar und gab sich gleich selbst die Antwort: „Man muss die Industrie nur zuverlässig mit Strom versorgen!" Und genau das hatte er vor.

In den darauffolgenden Jahren kaufte er so nebenbei immer wieder ein Stück Land am Ufer des Elwha River. Bis er schließlich den Grund und Boden besaß, den er für einen Staudamm und ein Wasserkraftwerk brauchen würde. Beides errichtete er etwa acht Kilometer stromaufwärts von der Mündung des Flusses entfernt.

Im Jahr 1913 lieferte das Kraftwerk erstmalig Energie an seine Kunden. Hinter dem 33 Meter hohen Damm staute sich nun ein langgezogener See, den der stolze Bauherr nach sich selbst benannte: Lake Aldwell. Allerdings sprach man schon bald von Pfusch am Bau, weil die Staumauer nicht ordnungsgemäß mit dem felsigen Untergrund verbunden war. Das führte dazu, dass ständig Lecks gestopft werden mussten. Außerdem fehlte die vorgeschriebene Fischtreppe, was bedeutete, dass die Lachse, die flussaufwärts wandern wollten, schon bald mit der Nase an eine Betonmauer stießen und völlig verwirrt wieder abzogen.

Die Wirtschaft in Port Angeles und Umgebung brummte. Immer mehr Betriebe und Haushalte wurden an das Stromnetz angeschlossen, und bald reichte die Kapazität des Aldwell Dam nicht mehr aus. „Wir brauchen dringend ein zweites Kraftwerk", sagten die Geschäftsleute. Also wurde eine zweite Staumauer in den Wald geklotzt, Glines Canyon Dam genannt. Der fing den bis dahin munter dahinplätschernden Elwha River in einer schmalen Schlucht 21 Kilometer stromaufwärts ein, und dem blockierten Fluss blieb nichts anderes übrig, als auch hier sein Bett zu verlassen und einen neuen See zu bilden, den Lake Mills. Das dazugehörige Kraftwerk begann 1927 mit der Stromerzeugung.

Magere Zeiten für Bär und Co.

Wem diese Entwicklung allerdings gar nicht gefiel, das waren die Indianer vom Stamm der Lower Elwha Klallam. „Was sollen wir essen, wenn der Lachs wegbleibt?“, fragten sie sich. Die Klallam waren im Norden und Nordosten der Olympic-Halbinsel schon seit Urzeiten ansässig, so lange, dass die Anfänge tief im Nebel der Geschichte verborgen liegen. In Port Angeles wurden 2003 bei Bauarbeiten Überreste einer alten Siedlung entdeckt, und als die Archäologen die Funde untersuchten, stellten sie fest, dass dort schon vor 2700 Jahren Menschen gewohnt hatten.

Die Klallam-Indianer lebten von dem, was die Natur ihnen schenkte, vor tausenden ebenso wie vor hundert Jahren. Die Fische, die sie im Meer und in den Flüssen fingen, das Wild, das sie im Wald jagten, die Bäume und Kräuter, all das stellte die Grundlage ihrer Existenz dar. Die Betrachtungsweise der Indianer war und ist, dass die unendliche Vielfalt der Natur eine Einheit bildet, wo alles in einem fein abgestimmten Gleichgewicht mit allem zusammenhängt. Und weil sich die Indianer als Teil des großen Zusammenhangs begreifen, spiegeln sich die Dinge ihrer natürlichen Umgebung auch in ihrer Kultur wider, als Bestandteile der Spiritualität, der Mythen und des handwerklichen Schaffens. Gegensätze, wie wir sie aufstellen, Mensch – Natur, Kultur – Natur, sind den Indianern fremd.

Am Elwha River hatte schon eine unendliche Abfolge von Generationen ihrer Vorfahren gelebt. Und nun kamen die Weißen daher, drangen mit Getöse in den Wald ein, fällten die alten Bäume, bauten dicke Betonmauern in den Fluss – und griffen damit in ein hochempfindliches System ein, das sie nicht verstanden und das ihnen anscheinend auch gleichgültig war. Für die Klallam aber bedeutete eine solche Störung der Natur auch einen Angriff auf ihre Kultur.

Vor dem Bau der Dämme hatten sich zu bestimmten Zeiten riesige Schwärme von Lachsen und Forellen im Elwha River getummelt, dicht an dicht drängten sich die Fischleiber im Wasser. Der König unter den Lachsen war der Chinook, der Königslachs, der 45 Kilo schwer werden kann. Wer solch ein Prachtexemplar fing, ob Mensch oder Tier, durfte sich auf ein Festessen freuen.

Nun aber ging die Zahl der Wanderfische dramatisch zurück. Von den fast 400 000 Lachsen, die vorher zu den Laichplätzen geströmt waren, kamen jetzt nur noch 3 000, denn der Unterlauf des Flusses sagte den wenigsten als Kinderstube für ihren Nachwuchs zu. Am Elwha River, vor allem an seinem Oberlauf und dem verzweigten Gewirr seiner Nebenflüsse, wurde das Nahrungsangebot knapper. Schwarzbär, Wolf, Kojote und wer sonst noch Lachs als gehaltvolles Hauptgericht schätzte, musste sich jetzt nach Alternativen umsehen. Die Folge war, dass im Einzugsgebiet des Elwha auch der Bestand an solchen Tieren abnahm.

Die Auswirkungen des Dammbaus reichten bis zum Mündungsdelta des Flusses, da nun die Sedimente, die der Elwha bisher in Richtung Meer transportiert hatte, von den Staumauern zurückgehalten wurden. Die Wellen und Strömungen des Pazifiks holten sich den Sand der Sandbänke und der ehemals ausgedehnten Sandstrände, der Fluss aber konnte kaum noch Nachschub liefern.

Die Leidtragenden waren wieder die Klallam-Indianer, deren Reservat direkt an der Flussmündung liegt. Sie verloren ihre Muschelbänke und damit eine weitere wichtige Nahrungsquelle, außerdem nagte das Meer leise und beharrlich an ihrem Land, so dass die Fläche des Reservats mehr und mehr schrumpfte. Eine deprimierende Situation für die Indianer. Die Stammesführer protestierten zwar, aber was nützte das? Genauso gut hätten sie versuchen können, mit einer der Betonmauern zu reden.

Eine starke Lobby für die Natur

In den nachfolgenden Jahrzehnten aber begann das Blatt sich zu wenden, unendlich langsam zwar, aber stetig. Es fing damit an, dass 1938 der Olympic National Park gegründet wurde, eine Erweiterung des Schutzgebiets erfolgte schon zwei Jahre später. Und jetzt lag auf einmal der Glines Canyon Dam mit dem künstlichen Lake Mills mitten im Park. Ein störender Fremdkörper, da doch der Nationalpark gemäß seinen Statuten ein natürliches Ökosystem schützen und erhalten sollte und nicht etwa von Menschen erbaute Industrieanlagen. Die Klallam-Indianer bekamen nun Verbündete, nämlich den National Park Service.

Dennoch tat sich erst einmal überhaupt nichts. Bis zu den sechziger und siebziger Jahren, als die Umweltschutzbewegung an Einfluss gewann. Ihre Vertreter, darunter so prominente Gruppierungen wie der Sierra Club und Friends of the Earth, begannen nun, sich für den Abriss der Staudämme einzusetzen. Als die Betriebserlaubnis der Dämme erneuert werden musste – wobei es für den Elwha Dam wegen seiner Mängel nie eine offizielle Erlaubnis gegeben hatte –, gelang es den Umweltschützern, das Genehmigungsverfahren immer wieder zu blockieren.

In dieser Zeit löste sich ein Gegensatz auf, den die Klallam einmal aufgestellt hatten: hier die naturverbundenen Indianer, da die Weißen mit den Dollarzeichen in den Augen. Für die Rechte der Natur trat nun eine starke Lobby aus Stammesführern, Nationalparkvertretern und Umweltaktivisten ein.

Aber wieder ging quälend viel Zeit ins Land, und in Washington, D.C., zankten sich zwei Senatoren. Senator Brock Adams wollte die maroden Staudämme lieber heute als morgen verschwinden sehen, während Senator Slade Gorton schon die Krise ausrief: Einen solch massiven Eingriff in die Energieversorgung könne die Wirtschaft der Region nicht verkraften! Dabei reichte die Leistung der beiden Anlagen gerade einmal aus, der Papierfabrik in Port Angeles 38 Prozent ihres Stroms zu liefern. Längst gab es andere Energiequellen.

Doch obwohl Gorton sich wirklich anstrengte – diesen Meilenstein in der Geschichte des Elwha River konnte er nicht verhindern: den „Elwha River Ecosystem and Fisheries Restoration Act", das Gesetz zur vollständigen Renaturierung des Flusses. Es wurde am 3. Januar 1992 vom Kongress verabschiedet. Auf der anderen Seite des Kontinents gerieten die Freunde des Elwha in einen Freudentaumel: Das war der ersehnte Sieg!

Bis aber der Abbruchhammer in Aktion treten konnte, dauerte es noch einmal fast zwanzig Jahre. Warum so lange? Nun, die Politiker brauchten Zeit, um ihre Querelen beizulegen, die Befürworter des Projekts leisteten geduldige Überzeugungsarbeit vor Ort, und dann mussten die Verantwortlichen noch das Geld auftreiben. Die Renaturierung war nicht billig zu haben, die Gesamtkosten beliefen sich auf rund 350 Millionen Dollar. Und ohne Gutachten und eine sorgfältige Planung ging es natürlich auch nicht.

Manche Leute meinten arglos: „Sprengen wir das ganze Zeug doch einfach in die Luft, den Rest erledigt die Natur!“ Aber so einfach war es nicht. In den beiden Seen hatten sich über 10 Millionen Tonnen Sedimente angesammelt, und die konnte man nicht innerhalb kürzester Zeit ins Mündungsdelta spülen.

Nirgendwo existierte ein ähnliches Vorhaben, an dem man sich hätte orientieren können. Überall auf der Welt waren in den vergangenen Jahrzehnten Staudämme errichtet worden, doch wer kannte sich mit der Beseitigung großer Staumauern und den entsprechenden Folgen aus? Das Projekt am Elwha River war historisch einmalig.

Die Lachse kehren zurück

Als sich die ersten dicken Brocken aus dem Glines Canyon Dam lösten, empfand niemand eine tiefere Befriedigung darüber als die Klallam-Indianer.

„Heute sind die Gebete meiner Verwandten und Vorfahren erhört worden“, sagte Ben Charles, einer der Stammesältesten, bei der Feier zum Auftakt der Arbeiten. Die Geister der Ahnen würden der Feier beiwohnen und seien glücklich über das, was hier nun passierte.

Es dauerte drei Jahre, bis die letzten Betontrümmer aus dem Weg geräumt war und der Elwha wirklich wieder frei fließen konnte. Im August 2014 zogen die Ingenieure und Arbeiter ab und machten Platz für ihre Nachfolger, die Experten für die Renaturierung des Bodens dort, wo sich vorher die Stauseen ausgebreitet hatten. Um der Natur Starthilfe zu leisten, säten die Botaniker und ihre freiwilligen Helfer rund 2700 Kilo Samen aus und pflanzten 320 000 junge Bäume und Sträucher.

Als genialer Helfer erwies sich eine lila blühende Pflanze: die Lupine. Lupinen sind wahre Meister, wenn es darum geht, einen ausgelaugten Boden wieder fruchtbar zu machen. Sie reichern ihn mit Stickstoff an und durchdringen ihn mit ihren langen, kräftigen Wurzeln. Seit sie ausgesät wurden, verzaubern sie die Landschaft im Sommer mit einem herrlichen, duftenden Blütenteppich. Über dem Blütenmeer summen die Bienen, und gleich nebenan wachsen junge Bäume heran. Den Weiden, Erlen und Pappeln scheint die Nachbarschaft der Lupinen gutzutun, denn sie wachsen schneller als erwartet.

Auch das Mündungsdelta ist dabei, sich zu verwandeln und ganz neue Formen anzunehmen, da die Sedimentfracht so nach und nach unten eingetroffen ist, mit garantierten Nachlieferungen. Und die Lachse kehren zurück! Jedes Jahr werden es mehr, anscheinend hat es sich im Pazifik herumgesprochen, dass der Weg zu den Top-Laichplätzen endlich frei ist.

Die Welt, dieses hochkomplexe, überaus empfindliche Gebilde, ist wieder ein Stückchen in Ordnung gekommen. Wenigstens an dieser Stelle.

Einen schönen Blick auf den Elwha River oberhalb und unterhalb des ehemaligen Glines Canyon Dam hat man vom Glines Canyon Dam Overlook im Olympic National Park. Erklärungstafeln informieren über die Geschichte des Projekts.

https://www.nps.gov/olym/learn/nature/elwha-ecosystem-restoration.htm

20 Das starke Volk – ein neuer Name für den Stamm der Klallam

Noch heute erzählt man sich bei den Klallam von der großen Versammlung, die einst vor langer Zeit in ihrem Dorf am Elwha River stattgefunden hat, dort, wo sich der Fluss zu einem mächtigen, breiten Mündungsdelta weitet.

Der Schnee hatte sich in die Berge zurückgezogen, die Bäume im Tal zeigten sich in ihren neuen Kleidern aus zartem grünen Laub. Über den Wiesen mit ihren üppig blühenden Blumen tanzten die Schmetterlinge und freuten sich ebenso wie die Menschen über den Beginn der warmen Jahreszeit.

Indianer vieler Stämme strömten in das Dorf der Klallam, die meisten von ihnen waren tagelang unterwegs gewesen. Die Ältesten nutzten das Treffen, um über wichtige Dinge zu beraten, wie die Grenzen von Jagdrevieren, Konflikte in den Stammesbeziehungen oder den Austausch von Waren.

Währenddessen gingen die jungen Männer zusammen auf die Jagd, fingen Fische und berichteten von ihren Heldentaten. Kinder tobten fröhlich im Wald und am seichten Wasser herum. Auch die Frauen waren sehr beschäftigt. Sie bereiteten viele wohlschmeckende Speisen zu, aus Wild, Lachs und Muscheln, aus wilden Beeren und Kräutern und all den anderen Gaben der Natur. Sie lachten viel beim Kochen, tuschelten über die Männer und erzählten sich Neuigkeiten. Man hatte eine gute Zeit miteinander.

Eines Nachmittags plötzlich tönten aus dem Lager der jungen Männer am Rande des Dorfplatzes laute Rufe:

„Wer ist der Stärkste?“

„Ja, wer ist stärker als alle anderen?“

„Lasst uns herausfinden, wer die meiste Kraft hat!“

Als die Frauen das hörten, kicherten sie und stießen einander an. Typisch, das ewige Wetteifern der Männer! Ja, natürlich gab es auch in ihren eigenen Reihen Stammesangehörige, die sich besonders hervortaten. Frauen, die eine außergewöhnliche Begabung beim Nähen oder Korbflechten bewiesen, Mädchen, die schönere Muster auf das weichgegerbte Hirschkalbleder sticken konnten als jede andere Stammesgenossin. Aber musste man so ein Getue darum veranstalten?

Alle Indianer kamen nun neugierig auf dem Dorfplatz zusammen. Das, was sich da anbahnte, wollte sich niemand entgehen lassen!

Der Häuptling der Klallam lächelte. Er war bereits ein alter Mann mit vielen grauen Strähnen im Haarschopf, doch er erinnerte sich noch gut, wie gerne er früher seine überlegenen Kräfte unter Beweis gestellt hatte. Nun schaute er mit Stolz auf seinen hochgewachsenen Sohn, den man nicht ohne Grund Listiger Bär nannte, da er außer Körperkraft auch einen scharfen Verstand besaß.

„Und wie sollen wir jetzt herausfinden, wer von uns der Stärkste ist?“, fragten einige der jungen Männer.

„Wir kämpfen paarweise miteinander und sehen, wer am Ende gewinnt“, schlug einer vor.

Die anderen winkten ab. „Langweilig“, meinten sie, „und außerdem muss es schwieriger sein.“

„Gehen wir doch in den Wald und schauen, wer einen kräftigen jungen Baum mit einem Ruck aus dem Boden ziehen kann“, sagte ein breitschultriger junger Kerl und rieb sich bereits unternehmungslustig die Hände. Er sah aus, als würde er das Ausreißen von Bäumen als reine Aufwärmübung betreiben.

Die anderen tippten sich an die Stirn. „Bist zu verrückt? Niemand, der bei Verstand ist, würde einfach nur zum Spaß einen gesunden Baum umbringen!“

Alle begannen nun, durcheinanderzureden, bis schließlich der alte Häuptling die Hand hob. „Ich weiß eine Herausforderung für euch.“

Er wies auf einen dicken Baumstamm, der am Rande des Platzes auf dem Boden lag, dann auf das Langhaus daneben. Das Haus war gerade im Bau, die Holzwände standen bereits, aber das Dach fehlte noch.

„Wer von euch kann diesen Stamm auf das Langhaus dort heben?“, fragte der alte Häuptling.

Die jungen Männer schauten ihn ungläubig an. Wollte der Alte sie auf den Arm nehmen? So einen Stamm konnte doch niemand auch nur einen Fingerbreit heben!

Der Häuptling aber meinte es ernst. „Und nun fangt an!“ Aufmunternd nickte er ihnen zu.

Jede Indianergruppe wählte nun ihre kräftigsten Männer aus. Erst versuchte sich einer nach dem anderen allein im Gewichtheben, doch der Baumstamm blieb so unbewegt liegen, als hätte ihn nur der Flügel eines Vogels gestreift. Als die Männer einer jeden Gruppe zusammen anpackten, konnten sie den Stamm immerhin schon rollen. Doch in die Höhe heben? Keine Chance!

„Diese Aufgabe ist nicht lösbar!“, beschwerten sie sich.

Der alte Häuptling aber schwieg und lächelte verschmitzt. Er beobachtete, wie sein Sohn und dessen Gefährten leise miteinander redeten. Ihre Gesichter nahmen einen zufriedenen Ausdruck an, und schließlich traten die Männer gemeinsam hervor.

„Nun sind wir an der Reihe“, sagte Listiger Bär so ruhig und gelassen, als gelte es nur, ein paar Zweige aufzuklauben.

Auf sein Zeichen hin bückten sich die Freunde und begannen, den Baumstamm in Richtung Fluss zu schieben und zu rollen.

Die Zuschauer auf dem Platz protestierten. „He, das ist gegen die Spielregeln – ihr sollt das Ding hochheben!“ Keinesfalls wollten sie sich die Show, auf die sie sich gefreut hatten, nehmen lassen.

Doch die Männer der Klallam ließen sich nicht beirren. Meter für Meter bewegten sie den Stamm zum Fluss hin. Ein letzter kräftiger Stoß, das Wasser schwappte nach allen Seiten, und der Baumstamm begann, auf der Wasseroberfläche zu treiben.

„Und was wird das jetzt?“, riefen die anderen. „Sollen wir nun dabei zuschauen, wie er ins Meer schwimmt und verschwindet?“

Listiger Bär und die anderen Männer aber stiegen in das klare kalte Wasser des Flusses und wateten immer weiter hinein, bis es ihnen schon über die Brust reichte. Dann stellten sie sich so unter den schwimmenden Baumstamm, dass er auf ihren Schultern zu liegen kam. Langsam, Schritt für Schritt, kamen sie aus den Fluten des Elwha wieder heraus, den nassen Stamm auf ihren muskulösen Schultern, sicher umfasst mit starken Armen. Konzentriert und mit unbewegten Gesichtern trugen sie ihre Last bis zum Langhaus.

„Eins – zwei – drei!“, riefen die Männer, und bei drei stemmten sie den Baumstamm nach oben und legten ihn quer auf den Wänden des Hauses ab.

Die Zuschauer staunten, und so mancher stand da mit offenem Mund. Dann fingen alle an zu klatschen und zu jubeln. „Ihr seid die Stärksten!“, riefen sie.

„Na, das war doch mal eine intelligente Lösung“, bemerkten die Frauen anerkennend.

Auch der Häuptling war zufrieden mit den starken Männern seines Stammes. „Gut gemacht“, sagte er.

Noch einmal hob er die Hand, Ruhe kehrte ein, und die Indianer schauten ihn erwartungsvoll an. „Denkt immer daran, was ihr heute gelernt habt“, der alte Mann machte eine Pause, blickte in die Runde und fuhr dann fort: „Für große Aufgaben braucht es viele Köpfe und Schultern. Nur gemeinsam seid ihr wirklich stark!“

Alle waren sich einig, dass es unter den Klallam-Indianern die stärksten Männer weit und breit gab.

„Ein starkes Volk“, so sagten die Leute immer wieder voller Bewunderung und konnten es kaum fassen, mit wie viel Kraft und Schlauheit die Männer die Aufgabe gemeistert hatten.

Auf diese Weise bekam der Stamm einen neuen Namen. Die indianische Bezeichnung bedeutet übersetzt „starkes Volk“, und so nennen sich die Klallam in ihrer eigenen Sprache bis heute.

21 Wie ein Mückenschwarm – der Schiffsverkehr auf dem Puget Sound

Mit einem leisen, gleichmäßigen Stampfen ihrer Maschinen bewegt sich die *Tacoma* hinaus auf den Puget Sound und nach Westen in Richtung Bainbridge Island. Es ist noch früh am Morgen, unter dem bewölkten Himmel weht ein kühler, böiger Wind.

Die meisten Passagiere der Autofähre haben es vorgezogen, unter Deck zu bleiben und sich den ersten Kaffee des Tages zu genehmigen, statt draußen an der Reling zu stehen und zu frieren. Das tun nur Outdoor-Enthusiasten oder von weither angereiste Besucher, für die diese Überfahrt etwas Besonderes ist. Menschen wie ich zum Beispiel.

Während die *Tacoma* weiß schäumende Spuren im Wasser zieht, schaue ich wie gebannt auf das Stadtpanorama von Seattle, das sich langsam entfernt. Aus dem Häusermeer ragt die vertraute schlanke Gestalt der Space Needle heraus. Ich halte sie mit den Augen fest, bis sie sich im Dunst auflöst.

Zu dieser Uhrzeit sind nicht viele Boote und Schiffe unterwegs. Ein Segelboot mit einem Frühaufsteher an Bord kreuzt gegen den Wind, und vor der verschwommenen Linie des gegenüberliegenden Ufers zieht ein Frachtschiff vorbei.

Früher muss hier wesentlich mehr Betrieb gewesen sein, und das, obwohl viel weniger Menschen rund um die Bucht lebten. Aber weil es weder Autos gab noch das Straßennetz, wie wir es heute kennen, spielte sich der Verkehr hauptsächlich auf dem Wasser ab. Das war die große Zeit der „Mosquito Fleet", der „Mückenflotte". So nannte man die unzähligen Dampfschiffe, die auf dem Puget Sound unterwegs waren, um Menschen und Güter zu transportieren.

Der Name kam zustande, als ein Mann von seinem Bürofenster auf das Gewimmel der Boote an der Elliott Bay hinabblickte und ausrief: „Es sieht aus wie ein Mückenschwarm!"

Ich schaue hinaus auf die leere Weite der Bucht, und in Gedanken setze ich ein Schiff nach dem anderen auf die Wellen, bis ich die Mosquito Fleet vor mir sehe

Da tuckert ein kleiner Dampfer von Seattle nach Tacoma. Unter den Passagieren befindet sich eine junge Frau. Sie trägt einen langen Rock und hält mit einer Hand ihren Strohhut fest, damit er vom Wind nicht ins Meer geweht wird. Ihr Blick drückt gespannte Erwartung, aber auch Zweifel aus. Schon morgen wird sie einen Posten als Lehrerin einer kleinen Schule antreten. Ob sie die Herausforderung wohl meistert?

Ebenfalls an Bord ist ein junger Arzt mit seiner schwangeren Frau. In einem winzigen Nest soll er eine Praxis übernehmen. Wie wird seine Frau, so überlegt er, mit diesem Alltag fern von den Annehmlichkeiten der Stadt zurechtkommen?

Und ganz unten im Frachtraum quieken aufgeregt sieben kleine Schweine und beschweren sich darüber, dass man sie hier eingesperrt hat.

Ein kleiner Schauer holt mich zurück in die Realität. Als die ersten Regentropfen auf dem Deck der Fähre niedergehen, ziehe ich nur meine Kapuze über den Kopf und bleibe ansonsten, wo ich bin. Von den paar Tropfen lasse ich mich nicht vertreiben!

Endlich ein richtiger Fahrplan

Ab den fünfziger Jahren des 19. Jahrhunderts erlebte die Gegend rund um den Puget Sound einen stetigen Zustrom von Siedlern. Sie gründeten ihre Ortschaften nah am Wasser, denn das Hinterland war dicht bewaldet und, von schmalen Pfaden abgesehen, weitgehend undurchdringlich.

Verbunden waren all die kleinen Orte durch die verzweigten Arme der langgestreckten Meeresbucht. Zunächst nutzten die Siedler und Händler die Transportmöglichkeit, die sie sich von den Indianern abgeschaut hatten, und steuerten ihre Ziele per Kanu an. Segelschiffe eigneten sich weniger gut, weil der Wind nicht immer so wehte, wie er sollte.

Im Jahr 1853 erlebten die Menschen einen Meilenstein des Fortschritts: Für den Linienverkehr am Puget Sound wurde das erste Dampfschiff in Betrieb genommen. Die *Fairy*, ein kleiner Seitenraddampfer, befuhr die Strecke zwischen Olympia und Seattle, den beiden größten Siedlungen.

Im selben Jahr war Olympia, so genannt wegen des schönen Blicks auf die Olympic Mountains, die Hauptstadt des neugeschaffenen Washington-Territoriums geworden. Den Rang eines Bundesstaats erhielt Washington erst im Jahr 1889, und Olympia durfte sich ein standesgemäßes State Capitol bauen. Doch diese rosige Zukunft ließ sich 1853 allenfalls erahnen. Immerhin aber verfügte das zur Hauptstadt ernannte Dorf schon über rund 100 Einwohner, Tendenz steigend, und die wollten mobil sein.

Das Zeitalter der Dampfschifffahrt hatte gerade erst begonnen. Die kleine *Fairy* kam nur in gemächlichem

Tempo voran, mehr gab der mit Holz befeuerte Dampfkessel, der die beiden Schaufelräder antrieb, einfach nicht her. Trotz ihres Mangels an Pferdestärken tuckerte sie aber brav und zuverlässig den Puget Sound hinauf und hinunter und ermöglichte damit eine weitere Innovation: einen richtigen Fahrplan! Denn anders als bei einem Segelschiff konnte man bei einem Dampfschiff recht genau vorhersagen, wann es an einem Ort eintreffen würde.

Im darauffolgenden Jahr zerriss eine Kesselexplosion das Schiffchen und verbannte es für immer auf Grund des Meeres. Doch von solchen Zwischenfällen ließen sich die Leute nicht abschrecken. Längst hatten sie sich an die bequeme Schiffsverbindung gewöhnt und wollten sie nicht mehr missen. Ein neues Dampfschiff übernahm den Liniendienst zwischen den beiden Städten.

Immer mehr Verbindungen wurden eingerichtet, der Bedarf war groß. Rund um die Bucht schossen nicht nur Siedlungen aus dem Boden, sondern auch Geschäfte und Betriebe zur Versorgung der Bevölkerung.

Die Dampfschiffe transportierten alles, was sich bewegen ließ: Menschen und Haustiere, Lebensmittel und Haushaltsgegenstände, Baumaterial und Gerätschaften aller Art, Zeitungen und die Post. Jede noch so winzige Ansiedlung besaß eine Anlegestelle für die Schiffe und war auf diese Weise mit all den anderen Dörfern und Städten an der Küste verbunden.

Die Ankunft des Dampfers wurde jedes Mal mit Spannung erwartet. Wenn das langgezogene Signal ertönte, ließen die Leute alles stehen und liegen und liefen hinunter zur Pier. War vielleicht ein Brief von Tante Hilda gekommen? Oder der Stoffballen für die neuen Kleider? Und gerade eben kam der große Bruder, den man seit Wochen nicht gesehen hatte, über die Gangway gelaufen – was für eine Freude!

Zur Mosquito Fleet gehörten viele hundert Schiffe. Den Bootsbauern ging es glänzend, sie hatten immer volle Auftragsbücher. Und jeder, der über ein Dampfschiff verfügte, konnte sich an dem lukrativen Transportgeschäft beteiligen. Allerdings kontrollierte niemand so genau, ob die Schiffsführer auch die nötige Qualifikation besaßen. Gab es in der Zeit der *Fairy* noch viele technische Probleme, so war bei späteren Unglücken eher Fahrlässigkeit im Spiel. Wie zum Beispiel bei der SS *Dix*.

Ein fataler Fehler

Am 18. November 1906 um 18:45 Uhr legte die SS *Jeanie*, ein 57 Meter langer Dreimaster mit zusätzlichem Dampfantrieb, am Pier von Smith Cove im Norden von Seattle ab. Der diensthabende Kapitän, Philip H. Mason, steuerte sein Schiff, das 400 Tonnen Eisenerz geladen hatte, in Richtung Süden. Sein Ziel war die Schmelzhütte in Tacoma.

Eine Viertelstunde später verließ ein kleiner Dampfer, die SS *Dix*, mit 77 Personen an Bord das Colman Dock im Süden von Seattle und schlug die Westroute nach Port Blakely auf Bainbridge Island ein. Das 31 Meter lange Schiff besaß einen schmalen Rumpf und hohe Aufbauten, eine Bauweise, die bei rauer See die Stabilität gefährdete. Deshalb hatten die Behörden der *Dix* bei ihrer Zulassung als Passagierdampfer dreißig Tonnen Ballast extra verordnet.

Es herrschte freundliches Wetter an diesem Tag, die Sicht war klar, der Wind ruhig. Nichts deutete auf eine drohende Gefahr hin. Der Kapitän der *Dix*, Percy A. Lermond, war diese Strecke, die rund vierzig Minuten dauerte, schon unzählige Male gefahren. Nach dreizehn Jahren als Lotse und Kapitän im Puget Sound kannte er praktisch jede Landzunge, jedes Inselchen und jeden Felsen.

Doch kurz nach dem Ablegen beging Lermond einen fatalen Fehler: Er übergab das Steuer an seinen Ersten Offizier Charles Dennison. Anschließend verschwand er in den Passagierräumen, um dort das Geld für die Überfahrt einzusammeln. Nun besaß Dennison zwar die Erlaubnis, ein Schiff zu steuern, doch seine Lizenz als Erster Offizier, so sollte sich später herausstellen, galt nicht für die Gewässer des Puget Sound.

Die große *Jeanie* näherte sich von Norden, die kleine *Dix* aus Richtung Osten, und etwa eine Meile westlich von Duwamish Head an der Elliott Bay bewegten sie sich dicht aufeinander zu. Bald würden sich ihre Wege kreuzen.

Mason beobachtete die *Dix* minutenlang und mit wachsender Besorgnis. Warum hatte sie ihre Fahrt nicht schon längst verlangsamt? Obwohl die *Jeanie* Vorfahrt hatte, drosselte Mason nun die Maschinen, um den kleinen Dampfer vorbeifahren zu lassen. Der aber drehte nicht ab, sondern blieb auf Kollisionskurs.

„Was zum Teufel haben Sie vor?“, brüllte Mason von der Kommandobrücke und ließ die Maschinen rückwärtslaufen.

Die Schiffssirene gab ein ohrenbetäubendes Pfeifen von sich.

Dennison aber schien blind und taub zu sein. Erst im letzten Moment gab er das Kommando, die Maschinen zu stoppen. Dann jedoch geriet er in Panik und verlor die Kontrolle. Anstatt das Steuer herumzuwerfen, drehte er direkt auf die *Jeanie* zu, und das kleine Schiff wurde durch seinen eigenen Schwung geradewegs unter den Bug des

Dreimasters gedrückt. Wie von unsichtbaren Kräften gezogen, neigte es sich so weit nach links, dass das Meerwasser wasserfallartig in die Frachträume und Passagierdecks strömte. Minuten später kam die *Dix* aus ihrer eingeklemmten Lage wieder frei, richtete sich ein letztes Mal kurz auf und sank dann mit dem Heck voran unaufhaltsam ins tiefe Meer.

Nur die Passagiere des oberen Decks überlebten, sie konnten von der Besatzung der *Jeanie* aus dem Wasser gerettet werden. Die Passagiere des Hauptdecks dagegen saßen in der Falle und gingen mit dem Schiff unter.

Ich kann es mir vorstellen: die verzweifelten Schreie der eingeschlossenen Menschen und dann die plötzliche Stille des nassen Grabes. Gruselig! Mir läuft ein Schauer über den Rücken.

Bei diesem Schiffsunglück, dem größten, das jemals im Puget Sound geschah, kamen 39 Menschen ums Leben. Das Meer gab die Toten nicht mehr frei, und auch das Wrack der *Dix*, das irgendwo in 200 Meter Tiefe liegen muss, wurde niemals gefunden.

Das Auto fährt mit

In den dreißiger Jahren des letzten Jahrhunderts ging die Zeit der Mosquito Fleet zu Ende. Immer mehr Menschen schafften sich ein Auto an, es wurden Brücken und asphaltierte Straßen gebaut. Bald lohnte es sich nicht mehr, reine Passagierdampfer im Liniendienst über den Puget Sound zu schicken, jetzt mussten Autofähren her.

Da passte es gut, dass im Jahr 1937 die Golden Gate Bridge eröffnet wurde, denn das hatte zur Folge, dass eine ganze Flotte von Autofähren nutzlos in der San Francisco Bay dümpelte. Man holte die Second-Hand-Fähren an den

Puget Sound, und auch so mancher Fährmann hatte gegen einen Ortswechsel nichts einzuwenden.

Seit 1951 unterhält die staatliche Transportgesellschaft Washington State Ferries den Linienverkehr in der Bucht. Sie ist weltweit einer der größten Eigner von Fährschiffen, und auch einige ihrer Fähren gehören zu den größten, die auf den Flüssen und Meeren der Welt unterwegs sind. Die *Tacoma* zum Beispiel könnte, wenn sie voll beladen ist, 202 Fahrzeuge und 2 500 Passagiere transportieren.

Der Regenschauer ist in einen Dauerregen übergegangen. Eigentlich würde ich jetzt doch gerne hineingehen, mir einen Kaffee holen und mich gemütlich hinsetzen. Aber noch immer spukt mir die Geschichte vom Untergang der *Dix* im Kopf herum, und das macht mich ganz nervös. Sollte ich vielleicht lieber draußen bleiben?

„Unsinn“, sage ich streng zu meinem inneren Angsthasen, „die *Tacoma* ist ein modernes, sicheres Schiff.“

„Und wenn der Kapitän nicht aufpasst?“, fragt der Angsthase mit zitternder Stimme.

„Ach, sei doch still. Ich geh‘ da jetzt rein!“

Aber in diesem Moment sehe ich, dass wir schon fast am Fährterminal von Bainbridge Island angelangt sind.

Ich bin ganz schön erleichtert, als ich wieder festen Boden betreten darf. Es sollte strengstens verboten sein, an vergangene Unglücksfälle auf See zu denken, so lange man noch Schiffsplanken unter den Füßen hat.

Washington State Ferries: http://www.wsdot.wa.gov/ferries

22 Jetzt kaufen! Jetzt bestellen! – Amazon in seiner Heimatstadt

Habe ich heute schon etwas über Amazon in der Zeitung gelesen? Oder auf den News-Seiten im Internet? Garantiert, denn es vergeht kein Tag, an dem ich nicht erfahre, womit das Unternehmen seine Kunden beglücken will, wie es die Konkurrenz aus dem Rennen wirft, wie es Händler und Mitarbeiter behandelt ... Amazon ist einfach allgegenwärtig. Und fast jeden Nachmittag klingelt der Paketzusteller an der Haustür, ein junger Mann kommt die Treppen heraufgestürmt und drückt mir ein Päckchen in die Hand, entweder für mich oder für meine Nachbarn, denn irgendjemand hier im Haus klickt ja immer auf den Bestellknopf im Online-Shoppingparadies.

Als wir durch Seattle liefen, dachten wir, jetzt schauen wir doch mal, wie präsent unser Päckchenpacker in seiner Heimatstadt ist. Und stellten fest: Amazon ist überall. In Seattle und Umgebung residiert das Unternehmen zurzeit in 40 verschiedenen Gebäuden, und die aktuellen Zahlen verraten, dass insgesamt 85 000 Menschen dort tätig sind.

Für den Internet-Giganten wäre es einfacher und kostengünstiger gewesen, seine Ideenschmiede und die Verwaltung in einen Gebäudekomplex in der Vorstadt zu verlegen, so wie es bei Großunternehmen meist üblich ist. Doch Jeff Bezos, der Gründer und oberste Boss, sprach sich dagegen aus. Er wusste, dass die klugen, kreativen Leute, die Amazon gerne beschäftigte, lieber in einer anregenden, abwechslungsreichen städtischen Umgebung arbeiteten, dort, wo sie auch wohnten, ausgingen, sich mit Freunden trafen oder Veranstaltungen besuchten.

Aus diesem Grund beschloss die Firmenleitung vor 15 Jahren, mitten in Downtown Seattle das neue Herzstück des Unternehmens zu bauen, den Amazon Headquarters Complex. Er besteht aus drei Wolkenkratzern mit je 37 Stockwerken im Dreieck zwischen Westlake Avenue und 6th Avenue, und ein vierter Büroturm ist auch schon in Planung.

Das zukünftige Hauptquartier empfing uns mit Baustellenlärm, denn Amazon Tower III befand sich noch im Rohbau. Arbeiter mit gelben Schutzhelmen kraxelten auf Gerüsten herum, Kräne schwenkten ihre langen Ausleger, Lastwagen brachten Ladungen mit Material – wie es auf einer Großbaustelle eben zugeht. Was unsere Blicke viel mehr anzog, waren schräg gegenüber drei riesige Glaskugeln. Es sah aus, als hätte ein Riese hier mit Murmeln gespielt und sie dann einfach liegengelassen.

Die Dreiergruppe, bestehend aus einer großen Kugel in der Mitte, die von zwei kleineren flankiert wird, trägt den Namen „The Spheres". Zwischen all den kastenförmigen Büroungetümen der Umgebung ist sie ein echter Hingucker. Amazon hat darin einen Regenwald mit rund 40 000 Pflanzen gestalten lassen, komplett mit hohen Bäumen und fließenden Gewässern.

Ursprünglich sollte hier ein ganz normales achtstöckiges Gebäude hochgezogen werden, aber dann heckten ein paar Leute die Idee aus, stattdessen etwas wirklich Besonderes zu bauen. John Schoettler, bei Amazon der Mann für die Liegenschaften, sagte bei der Eröffnung im Januar 2018: „Wir haben überlegt, was in Büros heutzutage fehlt, und wir glauben, es ist eine Verbindung zur Natur."

Die Kugeln mit ihrem grünen Dschungel stellen keinen botanischen Garten dar, sondern beherbergen ebenfalls Büroräume. Zwischen Bromelien und Riesenfarn können die Mitarbeiter auftanken und sich ganz entspannt mit Kollegen treffen. Auch Konferenzen werden gelegentlich hier abgehalten.

Nur ein paar Meter weiter ragt Amazon Tower II in die Höhe, er wird auch „Day One Tower“ genannt. „Day One“, eines von Bezos‘ Mantras, heißt für die Angestellten: Starte in jeden Arbeitstag mit so viel Energie und Begeisterung, als würde es sich um den ersten Tag in einem tollen neuen Projekt handeln.

Der Turm hat aber noch einen zweiten Namen: Rufus. So hieß der erste Hund, ein kleiner Corgi, der seinen Besitzer mit zur Arbeit bei Amazon begleitete. Mittlerweile freuen sich über 4 000 Hunde, ihren Tag am Arbeitsplatz von Herrchen oder Frauchen verbringen zu dürfen.

Unten in Tower II alias Day One oder Rufus befindet sich ein kleiner Supermarkt namens „Amazon Go“. Der Laden kommt ohne Kassen aus, und folglich bilden sich auch keine Kassenschlangen – ideal für eilige Käufer. „Just walk out“ („Geh einfach hinaus“), werden die Kunden von einem großen orangefarbenen Plakat ermutigt.

Es ist tatsächlich ganz unkompliziert: Nachdem man per Smartphone-App eingecheckt hat, sucht man sich die gewünschten Dinge zusammen und marschiert damit wieder zur Tür hinaus. Kameras und Sensoren erfassen die Einkäufe, abgerechnet wird über den Amazon-Account. Wer das zum ersten Mal praktiziert, wird sich unweigerlich vorkommen wie ein Ladendieb.

Die Jobmaschine

Jeff Bezos, mittlerweile mal der reichste, mal der zweitreichste Mann der Welt, wurde 1964 in Albuquerque, New Mexico, geboren. Er studierte Elektrotechnik und Informatik an der renommierten Universität von Princeton, anschließend arbeitete er bei verschiedenen großen Firmen.

Schon früh entwickelte er einen Riecher für die Möglichkeiten des Internets. Welche Art Business hätte Aussicht auf Erfolg? So überlegte er und kam schließlich auf die Idee, einen Online-Versandhandel für Bücher aufzuziehen. Nicht, weil Bücher seine Leidenschaft waren, sondern weil sie sich leicht verschicken ließen und eine gute Gewinnmarge boten. Von vornherein aber hatte er den Plan, eines Tages Waren aller Art anzubieten.

Bezos warf seinen gut bezahlten Job an der Wall Street in New York hin und begann an seinem Konzept zu feilen. Am 5. Juli 1994 gründete er Amazon – in einer Garage natürlich, denn die scheint zu einer amerikanischen Start-up-Legende immer dazuzugehören. Den Geschäftsplan hatte er während eines Langstreckenflugs von New York nach Seattle entworfen.

Benannt ist das Unternehmen nicht nach den Amazonen der griechischen Sagenwelt, sondern nach dem Amazonas, englisch „Amazon". Außerdem fand Bezos es von Vorteil, dass die Firma auf diese Weise im Alphabet weit vorne steht.

Die Eltern des Gründers hielten die Geschäftsidee ihres Sohnes für vielversprechend und investierten 300 000 Dollar in das frisch aus dem Ei geschlüpfte Kleinunternehmen. Wer weiß, ob Amazon ohne diese Finanzspritze überhaupt lebensfähig gewesen wäre!

Nach einem Jahr war es so weit: Die erste Bestellung poppte am Bildschirm auf, und Bezos konnte sein erstes Buch versenden. Zufall oder nicht, es handelte vom kreativen Denken, und es scheint, als hätte auch der Firmenchef das Buch gelesen.

Warum ist Bezos mit seinem damals noch bescheidenen Start-up ins ferne Seattle gezogen, wenn doch sein Lebensmittelpunkt an der Ostküste lag? Und warum ging er nicht ins Silicon Valley? Dafür gibt es zwei Gründe: „talents" und „taxes". Bezos wollte die besten Talente in seine Firma holen, und in Seattle gab es gerade auf dem Technologiesektor viele gut ausgebildete junge Leute. Außerdem verlangte der Bundesstaat Washington viel weniger Steuern als zum Beispiel Kalifornien, das für seine hohen Steuersätze bekannt ist.

Wie kaum ein anderes Unternehmen hat der Online-Versandhändler der Stadt seinen Stempel aufgedrückt, was gleichzeitig enorme Vorteile und massive Nachteile mit sich bringt. Amazon ist eine gigantische Jobmaschine: Saßen 2010 noch 5 000 Leute hinter den Glasfassaden der Firmengebäude, so sind es heute, wie gesagt, 85 000. Und jeder dieser Arbeitsplätze führt zu einer ganzen Kette weiterer Jobs, etwa im Einzelhandel und bei den Dienstleistungen.

Selbst für das Unternehmen kam diese Entwicklung überraschend, und Seattle wurde davon regelrecht überrollt. Durch die hohe Nachfrage haben sich in den letzten Jahren die Mieten mehr als verdoppelt, Klein- und Normalverdiener ächzen unter den Preisen, und so mancher hat Angst, eines Tages zu dem wachsenden Heer der Obdachlosen zu gehören. Nicht zufällig steht bei Bezos' neuer Stiftung, dem milliardenschweren „Day One Fund", die Hilfe für obdachlose Familien im Mittelpunkt.

Der Verkehr in Seattle stellt für die Betroffenen eine tägliche Herausforderung dar. Beim Smalltalk ist der Regen als beliebtestes Thema in den Hintergrund geraten, jetzt geht es um den Verkehr, der nicht mehr fließen will. In den Stoßzeiten kommt er stellenweise gänzlich zum

Erliegen, auf den breiten Asphaltschneisen, die sich quer durch die Stadt ziehen, stauen sich die Autos dicht an dicht. Viele Pendler verbringen morgens und abends anderthalb Stunden im Stop-and-Go-Verkehr. Auf Busse und Bahnen auszuweichen, wäre keine gute Idee, denn auch die sind völlig überlastet, und das Streckennetz ist nicht dicht genug.

Inzwischen arbeiten viele Amazon-Angestellte häufig von zu Hause aus, Corona sei Dank. Seattle, sonst immer unter den Top Ten der Städte mit den schlimmsten Verkehrstaus, ist im Ranking weit nach unten gerutscht. Der Autofahrer steht zwar immer noch im Stau, aber nicht mehr so lange. Und wenn er sich dabei langweilt, kann er ja bei Amazon ein Päckchen bestellen.

The Spheres, 2111 7th Avenue, Seattle
www.seattlespheres.com

23 Im Paradies der Bücher – die Elliott Bay Book Company

Mein Handy klingelte, Pauline rief an. „Hast du Lust, morgen mit mir shoppen zu gehen?"

„Klar, warum nicht?", erwiderte ich.

„Okay, dann komm morgen Vormittag um zehn Uhr in die 10th Avenue Nummer 1521." Bevor ich noch weitere Fragen stellen konnte, fuhr sie fort: „Sorry, hab' einen Termin, muss los." Und schon war das Gespräch beendet.

Shoppen gehen, dachte ich verwundert, seit wann streift sie denn zum Vergnügen durch die Geschäfte? Pauline kaufte sich nur selten neue Kleidung, da sie meinte, ihr Kleiderschrank sei voll genug und der Inhalt noch sehr brauchbar.

Am nächsten Morgen fand ich mich vor der breiten Schaufensterfront einer Buchhandlung wieder. „Elliott Bay Book Co. – Elliott Bay Café", las ich auf dem Ladenschild über der Fassade. Ich war ein paar Minuten zu früh, und weil das Geschäft nicht vor zehn Uhr aufmachte, lief ich noch ein Weilchen durch die angrenzenden Straßen.

Die Buchhandlung befand sich im Stadtteil Capitol Hill, einem angesagten Viertel mit einer wilden Mischung von alten und neuen Wohnhäusern, Kaffeeröstereien, Cafés, Kneipen, Restaurants, Musikclubs, Schwulenbars und kleinen oder größeren Geschäften, die alles Mögliche verkauften, von Schallplatten über Bücher bis hin zu reichlich schräger Mode. Auch Pauline wohnte in Capitol Hill. Sie und diese unkonventionelle Gegend passten gut zusammen, fand ich.

Um diese Uhrzeit waren Bürgersteige und Straßen noch menschenleer. Offenbar musste sich das ganze Viertel von der anstrengenden letzten Nacht erholen. Als ich die 10th Avenue überquerte, dort, wo sie die Pike Street kreuzte, fiel mir auf, dass der Straßenübergang in den Farben des Regenbogens angemalt war. Die gegenüberliegende Seite der Kreuzung sah genauso aus. Capitol Hill, das hatte ich schon gelesen, brachte mit den Farben sein Bekenntnis zu Toleranz und Offenheit zum Ausdruck. Einige Lokale der Umgebung unterstrichen dieses Statement mit Schildern im Fenster oder an den Türen. Rassisten oder Schwulenhasser waren bei ihnen ganz eindeutig nicht erwünscht.

Bei der Elliott Bay Book Company wurde jetzt die Eingangstür aufgeschlossen, und die ersten Kunden, die schon draußen gewartet hatten, durften endlich eintreten. Wenige Minuten später kam auch Pauline, ganz atemlos, weil sie sich so beeilt hatte. Ihre roten Haare glänzten noch feucht von der morgendlichen Dusche.

„Heißt Shoppen bei dir, Bücher zu kaufen?“, fragte ich, nachdem wir uns begrüßt hatten.

Sie grinste verschmitzt. „Ach, das hatte ich wohl vergessen zu erwähnen.“

Im Inneren der Buchhandlung blieb Pauline stehen. „Schnupper mal“, sagte sie mit einem verträumten Lächeln, „dieser Geruch von Holz und Papier, ist er nicht herrlich? Und diese Atmosphäre, so voller Ideen und geistiger Höhenflüge! Ist dieser Laden nicht ein Traum?“ Mit einer weit ausholenden Handbewegung zeigte sie in die Runde, und ihre Augen strahlten vor Stolz, so als würde der große und behaglich eingerichtete Laden ihr gehören.

Aber sie hatte recht: Die Buchhandlung war ein Traum. Die Inneneinrichtung bestand ganz aus Holz: die

Dielenböden mit ihren Gebrauchsspuren, die Decke oben mit den Stützbalken und die unzähligen Reihen von Bücherregalen, die sich im hinteren Bereich zu verlieren schienen, als würden sie dort den Horizont erreichen. Vor manchen Regalen standen kleine Tische auf verschnörkelten Eisenfüßen wie aus dem Antiquitätengeschäft. Hier lagen Zeitschriften und Stapel mit Neuerscheinungen aus, auf die besonders hingewiesen werden sollte.

Viele Bücher waren mit Empfehlungen vom Personal versehen. Ich blieb immer wieder stehen, las die Titel auf den Einbänden, schlug hier und da ein Buch auf, genoss wunderschöne erste Sätze, und eine ganze Weile war ich so versunken, dass ich alles um mich herum vergaß. Den ganzen Tag könnte ich hier verbringen! Und am Ende käme ich glücklich und traumverloren wieder herausgestolpert, bepackt mit einem Rucksack voller Bücher.

Pauline ließ mich gewähren, sie vermisste mich nicht. Der Buchladen war offenkundig ihr zweites Zuhause. Sie wechselte freundliche Worte mit den Leuten vom Personal, das sich diskret im Hintergrund hielt, und begrüßte einige der anderen Kunden, die sie wohl aus ihrem Stadtviertel kannte. Im Allgemeinen aber ließ man einander weitgehend in Ruhe, weil jeder in seine eigenen Welten abtauchen wollte.

Die Elliott Bay Book Company wurde 1973 gegründet und stellt eine Institution in Seattle dar, geliebt von treuen Bücherfreunden in der ganzen Region. Die Buchhandlung ist nicht nur sehr gemütlich, sondern bietet mit ihren 150 000 Titeln auch eine Riesenauswahl. Regelmäßig veranstaltet sie Lesungen mit bekannten Autoren und bekommt damit viel Aufmerksamkeit.

Ein Gefühl von Unwirklichkeit

Nachdem wir unsere Bücher bezahlt hatten, verkündete Pauline: „So, und jetzt machen wir noch einen Abstecher ins University Village. Ich möchte dir gerne etwas zeigen."

Von der Capitol Hill Station fuhren wir mit der Link Light Rail, einem Mittelding zwischen S-Bahn und Straßenbahn, zur University of Washington Station. Und wieder war das Ziel eine Buchhandlung. Auf dem roten Backsteingebäude prangte der Schriftzug „Amazon Books".

„Das erscheint mir ja so merkwürdig", sagte ich.

Nicht dass ich überrascht gewesen wäre, schließlich wusste ich, dass das Onlinewarenhaus ein richtiges Ladengeschäft für Bücher eröffnet hatte. Seattle ist für Amazon die ideale Spielwiese, um Neues auszuprobieren und die Reaktion der Kunden darauf zu testen. Anscheinend ist das Experiment erfolgreich verlaufen, denn Amazon Books findet man inzwischen auch in anderen Städten.

Pauline zuckte die Schultern. „Amazon sieht keinen Widerspruch zwischen online und offline. Sie denken, wenn der Kunde mal wieder ein analoges Erlebnis will, statt am Bildschirm herumzuklicken, dann soll er es bekommen."

Auf den ersten Blick sah das Geschäft wie ein ganz normaler Buchladen aus. Dennoch beschlich mich ein Gefühl von Unwirklichkeit, als ich durch die Regalreihen streifte. Es kam mir vor, als hätte die Amazon-Website einen Sprung in die dreidimensionale Realität gemacht.

„Sehr gut bewertet – 4,8 Sterne und mehr", stand oben über einem Regal. „Bücher mit mehr als 10 000 Rezensionen auf Amazon.com", zeigte ein anderes Schild an. Und wer wissen wollte, welche Neuerscheinungen am beliebtesten waren, weil sie die meisten Vorbestellungen auf

Amazon.com verzeichnen konnten, auch der wurde fündig. Unter jedem ausgestellten Buch befand sich ein Kärtchen mit einer aussagekräftigen Kundenrezension, die ebenfalls von der Website stammte. Preisangaben allerdings suchte man vergebens. Was ein Buch kostete, musste man auf der Amazon-App nachschauen.

„Irgendwie fehlt mir bei Amazon Books die Atmosphäre“, sagte ich nachdenklich, als wir wenig später in einem Coffee Shop zusammensaßen. „Alles sieht perfekt aus, wie in einem edel und geschmackvoll eingerichteten Hotelzimmer, doch es wirkt seelenlos. Vielleicht sind das aber auch nur meine Vorurteile, weil ich die traditionellen Buchhandlungen lieber mag.“

Pauline riss zwei Zuckerpäckchen auf und schüttete den Inhalt in ihren Caffè Latte. „Wusstest du, dass man bei Amazon Books die Bücher fast ausschließlich auf der Grundlage von großen Datenmengen auswählt? Man befragt einfach die internen Datenbanken, welche Titel die Kunden in Seattle am liebsten im Amazon-Onlineshop kaufen. Und dann findest du genau die Bücher, die am meisten bestellt wurden, bei Amazon Books auf den Regalen. Null Risiko für den Laden. Besondere Bücher hingegen wirst du dort nicht finden.“

„Sag mal, findest du das nicht skandalös?“

Pauline setzte ein gelassenes Lächeln auf. „Nö, warum? Amazon ist ein genialer Händler, der sein Geschäft mithilfe der IT ununterbrochen perfektioniert. Die Kunden, denen das zu seelenlos ist, gehen dann eben zur Elliott Bay Book Company, so wie du und ich. Die Leute sind sehr gut in der Lage, das selbst zu entscheiden. Außerdem, wir hier in Seattle leben von der IT, vielleicht nicht gerade ich, aber jeder von uns kennt mindesten zehn

Leute, die bei Amazon oder in einer anderen großen Hightech-Firma arbeiten."

Eigentlich hatte ich erwartet, dass Pauline anfangen würde, auf den übermächtigen Online-Versandhändler zu schimpfen. Das hätte jedenfalls besser zu ihr gepasst als diese abgeklärte Haltung.

Pauline schien zu merken, dass ich irritiert war. „Hör mal, ich bin ja nicht blöd. Mir ist durchaus klar, dass ein Zuviel an Marktmacht gefährlich sein kann. Und ich könnte nun das Wirtschaftssystem, in dem wir leben, kritisieren und ein anderes vorschlagen, eines, das sich an Werten orientiert statt an Zahlen." Mit flinken Bewegungen löffelte sie den letzten Rest Milchschaum aus ihrem Kaffeebecher. „Aber dann sitzen wir morgen noch hier." Sie sprang auf. „So, Sweetie, ich muss gehen, meine Yogaschülerinnen warten auf mich."

Küsschen rechts, Küsschen links, und weg war sie.

Vor ungefähr einem Jahr schrieb mir Pauline, dass Amazon seine stationären Buchläden wieder schließen wolle. „Ich werde sie nicht vermissen", betonte sie. Die Nachricht war mit einem lachenden Smiley versehen.

Elliott Bay Book Company, 1521 10th Avenue, Seattle
www.elliottbaybook.com

24 Das große Feuer – auf Untergang folgt Neubeginn

Unglaublich, was ein einziger Topf mit Leim alles ausrichten kann! Nein, nicht nur allerlei zusammenkleben, sondern noch viel mehr. In der Geschichte von Seattle jedenfalls spielte ein Leimtopf eine maßgebliche Rolle – und wurde zum Auslöser dafür, dass man die Stadt komplett umbaute.

Es geschah am frühen Nachmittag des 6. Juni 1889. In der Tischlerwerkstatt Clairmont and Company im Untergeschoss eines Holzgebäudes in der Front Street waren fünf Männer dabei, Bretter, Platten und Leisten aus Holz zu bearbeiten. Das Kreischen der Sägen und das Schaben der Hobel erfüllte den niedrigen Raum, der Boden war über und über mit Sägespänen bedeckt. An den Wänden reihten sich fertige Kommoden, Tische und Stühle auf, die demnächst an die Kunden ausgeliefert werden würden.

„Mach mal neuen Kleber warm!", rief der Vorarbeiter seinem Kollegen John E. Back zu, einem jungen Mann von kleiner, kräftiger Statur und mit so blonden Haaren, dass es nicht schwer war, seine schwedische Abstammung zu erraten.

Back tat, wie ihm geheißen. Er schnitt Klumpen aus einer zähen, harzartigen Masse, warf sie in einen großen Topf und stellte diesen dann auf den heißen Ofen. Von dem jungen Mann hieß es, dass er nicht gerade der Schlaueste sei, und dieser Mangel an Verstand sollte weitreichende Folgen haben. Ob der Schwede nicht wusste, dass der Leim nicht zu heiß werden durfte, oder ob er vergaß, sich um den Topf zu kümmern – das Nächste, was man inmitten des Werkstattlärms hörte, war ein Aufschrei: „Der Leim brennt!“

Einer der Arbeiter eilte herbei und legte schnell das Regalbrett, das er gerade gesägt hatte, auf den Topf, was aber nur dazu führte, dass die Flammen sich jetzt über das Brett hermachten. Als der Vorarbeiter den Brand bemerkte, rannte er quer durch den Raum und riss seinen Mantel von der Hakenleiste, um die Flammen damit zu ersticken. Währenddessen schnappte sich Back, der das bis dahin noch bescheidene Feuerchen herrlich aufregend fand, einen Eimer mit Wasser. Der Vorarbeiter brüllte noch: „Tu’s nicht!“, aber es war zu spät: Fassungslos musste er zusehen, wie Back den ganzen Inhalt des Eimers über dem brennenden Leimtopf auskippte.

In diesem Moment schoss eine Stichflamme in die Höhe, der brennende Leim spritzte in alle Richtungen. In der Schicht von Sägemehl und Sägespänen auf dem Fußboden fand das Feuer sofort reichlich Nahrung, und kaum eine Minute später war die Werkstatt von dichtem Qualm erfüllt. Die fünf Männer flohen so schnell sie konnten hinaus auf die Straße.

Als nach fünfzehn Minuten die Freiwillige Feuerwehr eintraf, stand die Tischlerwerkstatt lichterloh in Flammen. Das Feuer hatte bereits auf die Lackiererei im Erdgeschoss übergegriffen und war im Begriff, sich über den ganzen Häuserblock auszubreiten. Schon hüpften die ersten Flammen über die hölzernen Bürgersteige zur anderen Straßenseite.

Die Feuerwehrleute taten, was sie konnten, doch die Wasservorräte reichten nicht aus, und dadurch, dass so viele Hydranten angezapft wurden, war der Wasserdruck zu niedrig. Statt eines kräftigen Strahls kam häufig nur ein müdes Rinnsal aus den Schläuchen.

Wie ein gieriges Monster fraß sich das Feuer durch die ganz aus Holz erbaute Stadt, von der Innenstadt bis zur Waterfront, und am Morgen des 7. Juni war das Zerstörungswerk vollendet: 25 Häuserblocks hatten die Flammen vernichtet, einschließlich des Geschäftsviertels, wo das wirtschaftliche Herz der Stadt schlug.

Vereinzelt standen Menschen vor den Trümmern ihrer Häuser, geschockt und ratlos, angekohlte Möbelstücke lagen in einem wüsten Durcheinander von Schutt, und an einigen Stellen stiegen immer noch Rauchsäulen in den Himmel.

Der britische Schriftsteller Rudyard Kipling, der in diesen Sommerwochen zufällig den Puget Sound bereiste, traf in Seattle ein, als die Asche in den Straßen noch nicht ganz kalt geworden war. Die traurigen Überreste der Bebauung beschrieb er als einen grauenhaften schwarzen Schmierfleck, „so als wäre eine Hand von oben gekommen und hätte den Ort glattgerieben". Wie ausgewischt und ausgelöscht kam ihm die Stadt vor.

Den Reportern des *Seattle Post-Intelligencer* gelang es nach einigem Suchen, den Verursacher der Katastrophe ausfindig zu machen. Sie befragten John E. Back geduldig und hartnäckig, und der ließ sich die Geschichte, wie der Brand entstanden war, schließlich vollständig entlocken. Nach dem Interview allerdings hielt der Schwede es für angeraten, für immer aus Seattle zu verschwinden. Wenn erst einmal jeder wusste, welche Rolle er bei der Sache gespielt hatte – die Leute würden ihn lynchen! Außerdem, welche Zukunft sollte die abgebrannte Stadt denn jetzt noch haben?

Wie Phönix aus der Asche

Die meisten anderen Bewohner aber glaubten durchaus an eine Zukunft für Seattle. Zwar hatten sie all ihre Habe verloren, doch wie durch ein Wunder gab es keine Toten zu beklagen. Die Sommersonne stimmte die Leute zuversichtlich, und niemand musste hungern oder frieren, denn aus den umliegenden Ortschaften kamen hilfsbereite Menschen per Boot oder Kutsche und brachten Lebensmittel, Decken und Kleidung.

Unter dem blauen Himmel spielten die Kinder – wie immer die ersten, die sich an neue Umstände anpassten – bereits vergnügt im Dreck. Die Geschäftsleute wandten den Blick von den düsteren Ruinen und begannen, provisorische Zelte aufzubauen, um dort ihre Waren zu verkaufen. Kein Zweifel, das Leben in Seattle ging weiter.

Einen für die Bewohner nützlichen Nebeneffekt hatte der Großbrand: Angeblich ließen eine Million Ratten und Mäuse dabei ihr Leben – wie auch immer da die Todesopfer gezählt worden waren. Vielleicht hatten die Tierchen ja schon beim ersten leichten Brandgeruch das Weite gesucht, was ihnen zu gönnen gewesen wäre.

Am Tag nach dem Feuer fand eine Bürgerversammlung statt, und da zeigte sich, dass der alte Pioniergeist wieder zum Leben erwacht war. „Wir wollen unsere Stadt wiederaufbauen!“, sagten die Leute entschlossen, und niemand sprach sich dagegen aus.

So traurig es auch war, dass Seattle in Schutt und Asche lag, gleichzeitig aber ergab sich dadurch die Chance, im großen Stil zu modernisieren. Aufgeregt diskutierten die Teilnehmer der Versammlung darüber, welche Veränderungen notwendig und wünschenswert wären.

„Keine Holzhäuser mehr in der Innenstadt“, sagte ein Mann entschieden. Er war Bauunternehmer und stellte sich bereits eine ertragreiche Zukunft vor. „Die neuen Gebäude sollten aus Ziegeln und Backstein gebaut werden.“

„Genau“, stimmte ein anderer zu, „mit ordentlich dicken Mauern, und zwischen den Häusern muss es feuersichere Brandmauern geben.“

„Und die Straßen müssen breiter werden!“, rief der nächste. „Dann kann das Feuer nicht mehr so leicht auf die andere Seite übergreifen.“

Und dass man demnächst eine Berufsfeuerwehr brauchen würde, eine bessere Wasserversorgung und mehr Hydranten, auch darüber bestand Einigkeit.

In den darauffolgenden Wochen saßen Bürgermeister Robert Moran und die Stadträte Tag für Tag von morgens bis abends zusammen, um die Details der neuen Satzungen und Rechtsverordnungen auszuarbeiten. An einem Abend Ende Juni, lange nach Sonnenuntergang, legte Moran den Federhalter beiseite, gähnte laut und vernehmlich und sagte: „So, morgen kann‘s losgehen.“

Weil man aber schon mal dabei war, alles umzukrempeln, hatten die Stadtväter sich auch gleich noch einem anderen Problem gewidmet. Das Herz der Stadt mit dem Pioneer Square hatte bisher kaum höher gelegen als der Meeresspiegel draußen in der Elliott Bay. Bei Hochwasser kroch die Flut bis zu den Häusern. Die standen zwar auf Stelzen, aber die Bewohner bekamen dennoch häufig nasse Füße. Außerdem gab es in vielen Häusern schon Toiletten mit Wasserspülung, und die spülten bei Hochwasser rückwärts. Keine angenehme Situation ...

Also wurde beschlossen, die Stadt anzuheben. Die Straßen sollten ein bis zwei Stockwerke über dem bisherigen Niveau liegen. Entsprechend baute man die neuen Häuser gleich höher, weil ja die Straßen mit Schutt und Erdreich aufgefüllt werden sollten. Letzteres ging aber nicht so schnell, deshalb mussten die Bewohner anfangs Leitern benutzen, um zu den Eingängen ihrer Häuser zu gelangen. Ladenbesitzer betrieben ihre Geschäfte zunächst im Keller, um dann, nachdem die Straße angehoben worden war, ins Erdgeschoss umzuziehen. In dieser Übergangszeit entstand ein Untergrundsystem von Gehwegen und Kellern, der „Seattle Underground".

Seattle erlebte einen beispiellosen Bauboom. Finanzielle Hilfe kam von der gesamten Westküste, und von überallher strömten Leute herbei, um beim Wiederaufbau mitzuwirken. Durch den Zuzug von Arbeitskräften stieg die Bevölkerungszahl sprunghaft nach oben, von 25 000 auf 43 000 innerhalb eines Jahres. Im Sommer 1890 zählte man bereits 465 neue Häuser.

Das Feuer hatte das alte Pionierstädtchen hinweggefegt und den Weg für eine moderne Großstadt bereitet.

Mehr Infos zum großen Feuer: Museum of History & Industry, 860 Terry Ave North, Seattle
www.mohai.org

Seattle Underground Tour: 614 1st Avenue, Seattle, im Pioneer Place Park, Pioneer Square, zwischen Cherry und James Street
www.undergroundtour.com

25 Der Berg muss weg – Berge versetzen für den Fortschritt

Was haben die Städte Rom und Seattle gemeinsam? Sie wurden beide auf sieben Hügeln erbaut. Doch was für Rom noch gilt, trifft für Seattle nicht mehr zu. Die Hügelkuppen dort sind verschwunden, zumindest im Innenstadtbereich. Was ist passiert? Haben Vulkanausbrüche, Erdrutsche oder Erdbeben die Landschaft verändert?

Seattle liegt auf einer langgestreckten Landenge, die im Westen vom Puget Sound, im Osten vom Lake Washington begrenzt wird. Als sich nach dem Ende der letzten Eiszeit die Gletscher zurückzogen, hinterließen sie nicht nur Seen, sondern auch Berge von Geröll, die sich wie die Perlen einer Kette in Nordsüdrichtung über die Landenge zogen. Die nun eisfreie Erde erwies sich als prächtiger Nährboden für Bäume, und so bedeckten viele Jahrtausende lang dichte Wälder die Hügel und Täler in dieser einzigartig schönen Lage zwischen Salz- und Süßwasser.

Bis die Weißen kamen mit ihrem unbezähmbaren Gestaltungsdrang. Erst holzten sie die Wälder ab, um ihre Häuser und Fabriken zu errichten, dann befanden sie: Die Hügel müssen weg.

Diese Auffassung vertrat vor allem Reginald H. Thomson, der in den Jahren vor und nach der Wende vom 19. zum 20. Jahrhundert als Ingenieur für die Stadtverwaltung von Seattle arbeitete. In dieser Eigenschaft kümmerte er sich um die Wasser- und Elektrizitätsversorgung, das Abwassersystem, das Straßennetz und die Bürgersteige. Er war jedoch nicht nur Techniker, sondern auch Visionär, und als solcher hatte er ganz bestimmte Vorstellungen davon, wie der Weg in die Zukunft verlaufen sollte – und zwar nicht über Berg und Tal, das stand für ihn fest.

„Wenn diese Stadt sich weiterentwickeln soll, dann sind die Hügel im Weg", sagte er bei einer Sitzung mit dem Stadtrat. „Die Voraussetzung dafür, dass die Wirtschaft brummt, ist ein reibungslos fließender Verkehr. Bei uns jedoch kann der Verkehr nach wie vor nicht ungehindert fließen, weil viele unserer Straßen für die Pferdefuhrwerke zu steil sind."

Dass ein Pferdegespann ein vollbeladenes Fuhrwerk ohne besondere Mühe bergauf oder bergab ziehen konnte, war ein wichtiges Kriterium dafür, welche Steigung beziehungsweise welches Gefälle noch als tolerierbar galt.

„In dieser Hinsicht", fuhr Thomson in seinem Vortrag fort, „befindet sich Seattle in einem beklagenswerten Zustand. In welche Richtung der eilige Geschäftsmann seine Pferde auch lenkt, es stellt sich ihm ein Berg in den Weg. Es gibt keine andere Lösung, meine Herren: Wenn Sie den Fortschritt wollen, müssen die Hügel weichen." Er machte eine Handbewegung, als wollte er die Berge hinwegfegen.

Wenn es doch nur so einfach wäre! Tatsächlich musste man mit einem gigantischen Arbeitsaufwand, immensen Kosten und einem jahrelangen Chaos in der Stadt rechnen. Dennoch gelang es Thomson, die Entscheidungsträger von seinem kühnen Vorhaben zu überzeugen. Im Stadtrat saßen keine Männer, die zauderten, sondern Macher. Ein paar Hügel abrasieren – warum nicht?

Mit Wasserkanonen und Dampfbaggern

Nun war es nicht so, dass die Leute blauäugig und unerfahren an die Sache herangegangen wären. Seit dem großen Feuer von Seattle waren immer wieder Straßen abgeflacht worden. Doch mit Thomson begann ein Großangriff auf die Topografie von Seattle, der jedes vorhergehende Projekt in den Schatten stellte. Und das größte Verkehrshindernis, so die Einschätzung des Ingenieurs, war der Denny Hill. Der musste folglich komplett und so bald wie möglich verschwinden.

Womit hatte sich der Berg, der nach dem Stadtgründer Arthur Denny benannt worden war, seinen Platz ganz oben auf der Abschussliste eingehandelt? Zwischen dem Pioneer Square und der Lenora Street verläuft bis heute die Second Avenue, und die stieg damals über eine Strecke von zwölf Häuserblocks auf 190 Fuß an, also etwa 58 Meter. Nicht viel aus heutiger Sicht, aber eben doch eine ganz ordentliche Steigung, wenn man bedenkt, dass die Leute zu Beginn des 20. Jahrhunderts mit nur wenigen Pferdestärken unterwegs waren.

Um die Unterstützung der Grundstücksbesitzer zu gewinnen, schickte Thomson einen extra dafür eingestellten Assistenten von Haus zu Haus, der den Leuten geduldig das Projekt erklärte und vor allem dessen Nutzen. Der Wert der Grundstücke, so schwärmte der Assistent, werde sich nach erfolgreicher Einebnung verzehnfachen! Das war nicht übertrieben, wie sich herausstellen sollte. Schon während der Denny Hill dahinschwand, schossen die Preise in die Höhe.

Und dann traten die Wasserkanonen in Aktion. Sie spülten den Berg, der einmal die Fläche von 62 Häuserblocks eingenommen hatte, Stück für Stück hinweg. Die Wassermengen, die dabei gebraucht wurden, kamen aus dem Lake Union im Norden der Stadt – jeden Tag 75 Millionen Liter. Der Wasserstrahl aus den Kanonen besaß eine solche Kraft, dass er tonnenschwere Felsblöcke bewegen konnte.

In der ersten Abbauphase, genannt „Denny Regrade No. 1“, die sich von 1906 bis 1911 hinzog, verwandelten Thomsons Arbeiterkolonnen die komplette westliche Hügelhälfte in Schlamm und Geröll. Das Abraummaterial wurde über zu diesem Zweck angelegte Kanäle und Tunnel in Richtung Elliott Bay geleitet, wo es sich auf dem Strand und der ausgedehnten Wattenmeerlandschaft ablagerte. Letztere war Thomson ebenso wie die Hügel ein Dorn im Auge gewesen. Jetzt, so dachte er zufrieden, konnte das Watt seine schlüpfrigen Arme nicht mehr in die Stadt hineinstrecken. Schluss mit Überflutungen und matschigen Straßen!

Die zweite Phase, „Denny Regrade No. 2“, begann im Februar 1929 und dauerte bis Dezember 1930 Weil die Technik in der Zwischenzeit Fortschritte gemacht hatte, kamen diesmal schon Dampfbagger zum Einsatz. Die knabberten nun die östliche Hälfte des Denny Hill ab, wobei sie den zerkleinerten Berg Schaufel für Schaufel auf Förderbänder luden. Damit wurden Erde und Gestein zur Waterfront transportiert und dort wiederum auf Spezialschiffe geladen, die ihre Fracht weiter draußen ins Meer kippten. Und vermutlich entstand auf diese Weise ein zweiter Denny Hill unter Wasser.

Das Geisterschloss auf dem Hügel

Bevor aber Wasserkanonen oder Dampfbagger ihr Werk beginnen konnten, mussten noch die Häuser oben auf dem Hügel entsorgt werden, von denen die meisten aus Holz bestanden. Manche Hausbesitzer ließen ihr Eigenheim an eine andere Stelle transportieren. Wenn das nicht möglich oder zu teuer war, dann gab es eine höchst effiziente Methode, die Gebäude verschwinden zu lassen: Man unterhöhlte den Untergrund, ließ das Haus hineinstürzen und zündete es an, und weg war es.

Bewohner, die zu zögerlich mit ihrer Entscheidung oder schlichtweg gerade nicht vor Ort waren, konnten erleben, dass ihr Haus plötzlich hoch oben auf einer Felsspitze saß, weil die emsigen Arbeiter den Hügel ringsherum schon abgetragen hatten.

Neben all den einfachen Holzhäusern auf dem Denny Hill prunkte jedoch auch ein architektonisches Highlight: das Washington Hotel. Das Grundstück des Hotels war im Besitz von Arthur Denny gewesen. Der Stadtgründer hatte lange gehofft, Seattle werde einst die Hauptstadt des Territoriums und späteren Bundesstaats Washington werden. Und auf dem Hügel, so Dennys Plan, sollte dann ein prächtiges State Capitol entstehen. Doch aus den Hauptstadtträumen wurde nichts, das Städtchen Olympia lief Seattle den Rang ab, und Denny entwickelte Plan B. Wenn schon kein State Capitol, so sagte er sich, dann doch zumindest ein Grand Hotel für illustre Gäste.

Im Jahr 1889 begannen er und eine Reihe von Immobilienentwicklern mit der Planung und dem Bau. Arthur Denny war normalerweise ein vernünftiger, nüchterner Mann, aber eine kleine Schwäche besaß er doch: Er liebte es, Gebäude, Straßen oder Landschaftsformationen nach sich selbst zu benennen. Und deshalb hieß die luxuriöse 400-Betten-Herberge zunächst Denny Hotel.

Hoheitsvoll schaute das viktorianische Glanzstück mit seinen Giebeln und Erkern, seinen vier Ecktürmen und dem Hauptturm hinunter auf die Stadt – und war doch nichts als eine schöne Hülle, die vielen Bewohnern von Seattle wie ein Geisterschloss erschien. Denn das Hotel stand leer, man hatte es nie vollständig eingerichtet.

Zwischen Denny und den Investoren war ein langwieriger Streit ausgebrochen, im Jahr 1893 trat eine landesweite Rezession ein, und beides führte dazu, dass die schweren Holztore des Prachtbaus bis 1903 geschlossen blieben. Dass sie sich schließlich doch öffnen konnten, lag an James Moore, einem der großen Player in der Immobilienszene des Nordwestens. Er kaufte den Besitzern das Hotel ab, benannte es in Washington Hotel um und staffierte die Räumlichkeiten eilends für einen sehr hohen Besuch aus. Kein Geringerer als US-Präsident Theodore Roosevelt hatte sich angesagt, um eine Nacht in Seattle zu verbringen!

Dieser Besuch verschaffte dem Hotel endlich den nötigen Aufschwung, und es wurde für die nächsten drei Jahre Seattles erste Adresse für VIP-Besuche, Treffen von Industriemagnaten, glanzvolle Empfänge und rauschende Ballnächte. Ein kurzer Tanz auf einem sinkenden Schiff. Denn schon bald kamen die Wasserkanonen den Berg hinaufgekrochen ...

James Moore versuchte erst gar nicht, für sein Hotel zu kämpfen, er hing nicht an dem viktorianischen Kasten, dessen Ausstattung im Grunde schon wieder veraltetet war. Das war doch die Chance, ein neues, moderneres Washington Hotel zu bauen!

Arthur Denny hingegen erlebte weder die Eröffnung noch den Niedergang seines Hotels, er war bereits im Januar 1899 gestorben.

Was der Ingenieur nicht ahnen konnte

Bei den zahlreichen Maßnahmen, Seattles Hügellandschaft zu einem gemäßigteren Profil abzuflachen, wurden 45,4 Millionen Tonnen an Erdreich und Gestein bewegt.

Einen Teil davon konnte man gut gebrauchen, um Löcher zu stopfen und niedrig liegende Bereiche an der Küste aufzufüllen. Ein weiterer Teil wanderte ungenutzt ins Meer, und von dem Löwenanteil wurde im Mündungsbereich des Duwamish River eine 1,4 Quadratkilometer große künstliche Insel errichtet, Harbor Island genannt. Die Insel wird seitdem als Industriegebiet genutzt.

Ein flacheres, verkehrsfreundlicheres Seattle, so hatte Thomson geglaubt, führe automatisch zu mehr Fortschritt und Wachstum. Haben sich seine Erwartungen erfüllt?

Nicht ganz. Der Ingenieur konnte nicht ahnen, dass der große Börsencrash von 1929 die ganze Welt in eine Wirtschaftskrise führen würde. Der Stadtteil Belltown, der sich in der Gegend des früheren Denny Hill ausbreitet, war zwar als Geschäftsviertel geplant, doch kaum ein Investor ließ sich blicken, und viele der Grundstücke blieben bis in die vierziger Jahre hinein unbebaut. Inzwischen hat sich Belltown zu einem angesagten Szeneviertel gemausert, mit trendigen Restaurants und Nachtclubs, Boutiquen und Galerien.

Aber musste man dafür einen ganzen Berg abtragen? Die begehrtesten Wohnimmobilien in Seattle weisen heute Hanglage mit schönem Ausblick auf. Mühelos bewegen sich deren Bewohner in PS-starken SUVs die noch verbliebenen steilen Straßen hinauf und hinunter. Aber auch diese Entwicklung hat der Herr Ingenieur nicht voraussehen können.

Mehr Infos zum Thema: Museum of History & Industry, 860 Terry Ave North, Seattle
www.mohai.org

26 Zart und zerbrechlich – der Glaskünstler Dale Chihuly

Inmitten von üppigem Grün mit winzigen Blütenblättchen ragen exotische Gewächse aus dem Boden, mit bauchigen Körpern, aus denen schlanke Stängel erwachsen, so elegant geschwungen wie die Hälse von Flamingos. Leuchtend gelb und rot gestreift strecken sie sich der Sonne entgegen. Im gemäßigten Klima des Nordwestens scheinen auch tropische Schönheiten zu gedeihen!

Der Besucher, der durch den Garten hier spaziert, mag ganz nüchtern erkennen, dass es sich bei den farbenprächtigen Gebilden um Kunstwerke aus Glas handelt. Doch gleichzeitig wird er, wenn er empfänglich für die Stimmung ist, von Staunen und Entzücken erfüllt sein: weil hier zwei Schöpferkräfte, die der genialen Natur und die eines begnadeten Künstlers, eine einzigartige Verbindung eingehen. Wie selbstverständlich scheinen sich die Glasobjekte in ihre Pflanzenumgebung einzufügen, zu einem harmonischen Miteinander. Und es würde einen gar nicht wundern, wenn auch die Werke aus menschlicher Hand jedes Jahr ein wenig weiterwüchsen.

„Chihuly Garden and Glass", so heißt dieser Garten der Phantasie auf dem Gelände des Seattle Center, nur einen Katzensprung von der Space Needle entfernt. Erschaffen wurde er von dem Glaskünstler Dale Patrick Chihuly, einem massigen Mann mit ergrauter Lockenmähne und einer schwarzen Augenklappe, die unweigerlich an einen Piraten denken lässt. Und dieser Pirat soll all die zerbrechlichen Glasschönheiten des Gartens gestaltet haben? Wenn Kunst ein Spiegel der Seele ist, dann muss Dale Chihuly eine ganz zarte Seele haben.

Der Künstler wird 1941 in Tacoma geboren. Sein Vater arbeitet als Metzger und später als Gewerkschaftsfunktionär, während die Mutter sich um Haushalt und Kinder kümmert. Chihuly erlebt eine ganz normale Kindheit und Jugend. Bis zwei Ereignisse seine Welt erschüttern: 1957 kommt sein älterer Bruder George bei einem Trainingsflug für die US Navy ums Leben, und nur ein Jahr später erliegt der Vater einem Herzinfarkt. Der Teenager reagiert heftig und fängt an, in den Straßen zu randalieren. Weil er Steine auf Straßenlaternen wirft und die Scheiben von Polizeiautos einschlägt, wird er festgenommen. Später macht er Witze über diese Phase. „Das waren meine ersten Arbeiten mit Glas", sagt er.

Chihuly bekommt sein Leben wieder auf die Reihe. Er schließt die High-School ab und schreibt sich am College of Puget Sound in Tacoma ein. Im Jahr darauf wechselt er zur University of Washington in Seattle, um Innenarchitektur zu studieren.

Und wie ist er auf die Idee gekommen, sich auf Glas als Werkstoff zu konzentrieren? Als Student erhält er die Aufgabe, Elemente, die nicht aus Textilfasern bestehen, in einen Vorhangstoff einzuarbeiten, und Chihuly entscheidet sich für Glas. Er ist gerade erst von einer Europareise zurückgekehrt, wo er seine Faszination für die Buntglasfenster der mittelalterlichen Kathedralen entdeckt hat.

Als er in seiner improvisierten Werkstatt im Keller farbige Glasscherben für sein Projekt schmilzt, reizt es ihn, herausfinden, wie die Glasbläser es machen: Durch ein dünnes Eisenrohr pustet er in die heiße Glasmasse – und sieht voller Staunen, wie sich am anderen Ende eine große schillernde Glasblase bildet, wie eine Seifenblase. Doch das fragile Gebilde zerplatzt nicht, sondern bleibt stabil.

In diesem magischen Moment erkennt Chihuly, dass er seine Berufung gefunden hat.

Kunst für normale Leute

Nun will Chihuly alles über die Herstellung von Glas lernen. Weil ihm das nötige Geld für ein Masterstudium fehlt, nimmt er zunächst einen Job als Fischer in Alaska an. Bis eines Tages ein Brief von der University of Wisconsin bei ihm eintrifft. Als Chihuly das Schreiben liest, hat er das Gefühl, ein Glückslos gezogen zu haben: Die Universität bewilligt ihm ein Stipendium, damit er bei Harvey Littleton studieren kann, dem Pionier der amerikanischen Studioglasbewegung.

Littleton hat an der Hochschule in Madison, Wisconsin, den landesweit ersten Studiengang für Glaskunst ins Leben gerufen. Glas, dieses zauberhafte Medium mit seiner Leuchtkraft und Formenvielfalt, war doch wie geschaffen für den künstlerischen Ausdruck! Und viel zu schade, um nur als Material für Alltagsgegenstände und Designobjekte zu dienen.

Bei Littleton kann Chihuly viel lernen. Einige Jahre später wird er selbst zum Pionier, als er an der School of Design in Rhode Island eine Abteilung für Glaskunst aufbaut. Nun ist er es, der junge Kunststudenten unterrichtet.

Doch die siebziger Jahre rufen nach Aufbruch, nach Alternativen und ungewöhnlichen Konzepten. Das alles ist an den etablierten Universitäten schwer zu verwirklichen. Chihuly beschließt, die junge Kunstform in den Nordwesten zu bringen. In dem Städtchen Pilchuck, 50 Meilen nördlich von Seattle, gründet er eine Akademie für Glaskunst, die Pilchuck School of Glass. Und die entwickelt sich zu einem weltweit bekannten Zentrum für Glaskunst. Künstler aus aller Welt kommen hierher, um zu lernen, zu experimentieren und ihren Ideen in Form von schimmerndem, leuchtendem Glas Ausdruck zu verleihen.

Auch Chihuly selbst macht sich in dieser Zeit einen Namen als Glaskünstler. Mit seinen großformatigen Installationen bringt er die Kunstwelt zum Staunen. Doch dann, im Jahr 1976, passiert etwas, das seine Karriere jäh zu beenden droht. Bei einem Autounfall in England wird er so schwer verletzt, dass er danach auf seinem linken Auge nichts mehr sieht – eine Katastrophe für einen Künstler, der auf die Fähigkeit zum räumlichen Sehen angewiesen ist. Dabei erlebt Chihuly, der nun mit schwarzer Augenklappe herumläuft, im selben Jahr einen großen Triumph: Das Metropolitan Museum of Art in New York stellt einige seiner Werke aus und etabliert Chihuly damit als ernstzunehmenden Akteur in der modernen Kunst.

Aber wie soll es nun weitergehen? Chihuly, der kreative Kopf, findet einen Ausweg. Kaum hat er sich von dem Unfall erholt, stellt er sich ein Team von talentierten jungen Künstlern zusammen, die seine Ideen handwerklich für ihn umsetzen. Wie ein Dirigent bringt er seine Leute zum Einsatz. Und ist dabei produktiver als je zuvor.

Chihuly macht keine Kunst für Zirkel von Eingeweihten. Was die Fachwelt über ihn denkt und schreibt, ist ihm gleichgültig. Und wenn ein paar Wichtigtuer sich über der Frage zerreißen, ob seine gläsernen Installationen Kunst oder Handwerk darstellen, was interessiert es ihn? Er hat die ganz normalen Leute im Blick. Jeder soll seine Werke sehen können und sich an ihnen erfreuen, ob in einem

Museum, einem öffentlichen Gebäude oder wo auch immer.

„Ich möchte, dass die Leute von Licht und Farben überwältigt werden", sagt er, „in einer Weise, wie sie es nie zuvor erlebt haben."

So, wie es der Besucher im „Chihuly Garden of Glass" erfährt.

Eine Brücke aus Glas

An einem Abend im August 1992 sitzt Dale Chihuly mit seinem Freund Phil Phibbs zusammen, einem emeritierten Professor der University of Puget Sound in Tacoma.

„Mir geht seit einiger Zeit eine Idee durch den Kopf", sagt Phibbs. „Der Nordwesten hat eine ganze Reihe von bekannten Glaskünstlern hervorgebracht. Was hältst du davon, wenn wir die führende Rolle unserer Region noch weiter ausbauen, indem wir ein Museum für Glaskunst einrichten, und zwar hier in Tacoma?"

Chihuly ist begeistert. Und er ermutigt seinen Freund, diesen Plan doch einfach mal den passenden Leuten vorzustellen.

Phibbs arbeitet ein erstes Konzept aus und präsentiert es vor einem Komitee, dessen Ziel es ist, Tacoma weiterzuentwickeln. Eigentlich hat er gedacht, nichts weiter als eine höfliche Ablehnung zu erfahren. Stattdessen zeigen sich die Herren Kommunalpolitiker und Wirtschaftsbosse, die zu dem Gremium gehören, sehr interessiert.

In der Stadt existiert nämlich eine verlassene Industriebrache, die an einen schmutzigen, mit Abwässern verseuchten Kanal angrenzt. Ein wahrer Schandfleck, mit dem niemand so recht etwas anzufangen weiß. Und da kommt nun in genau dem richtigen Moment dieser weißhaarige Professor daher mit einem glänzenden Plan in der Tasche – was für ein glücklicher Zufall!

Mit seiner Idee schenkt Phibbs der Stadt einen Traum, und die Bürger unternehmen alles, damit dieser Traum Wirklichkeit wird.

Zehn Jahre vergehen, bis auf dem alten Industriegelände das neue kulturelle Highlight von Tacoma, das Museum of Glass, eröffnet werden kann. Schon dessen Architektur sorgt für viel Aufsehen und Bewunderung: Der eindrucksvollste Teil des Gebäudes besteht aus einem großen, silbern schimmernden Kegel, der schräg nach oben ragt. Hier, hinter den silbernen Wänden des Kegels, verbirgt sich die Glasbläserwerkstatt des Museums.

Besucher, die durch die lichten Ausstellungsräume wandern, können nicht nur Werke des berühmten Sohnes der Stadt betrachten, sondern auch – darauf hatte Chihuly bestanden – Glasobjekte von Künstlern aus aller Welt. Wer aber keine Zeit und Lust zu einem Museumsbesuch mitbringt, braucht einfach nur die Fußgängerbrücke über die Interstate 705 zu überqueren. Und sieht dabei eine Chihuly-Ausstellung ganz eigener Art.

Die „Bridge of Glass“, die den Museumskomplex mit der Innenstadt verbindet, stellt eine Vitrine im Großformat dar. In deren Fächern ranken sich gläserne Phantasieblumen aus leuchtend bunten Glasvasen, und keine, weder Blume noch Vase, gleicht dabei der anderen. Ein Teil der Brücke ist überdacht, und wenn man zur Decke hinaufschaut, erblickt man eine von Leben nur so wimmelnde Unterwasserwelt – vollständig aus Glas, natürlich.

Dale Chihuly ist nicht nur Künstler, sondern auch Unternehmer, beides mit viel Erfolg. In Seattle leitet er ein großes Studio mit einem Team von Glasbläsern. Zu diversen körperlichen Handicaps ist inzwischen eine bipolare

Störung hinzugekommen, eine psychische Erkrankung, die ihn aus der Depression in die Euphorie katapultiert und ebenso auch wieder abstürzen lässt. Mehr denn je ist er auf die künstlerische und handwerkliche Hilfe seines Teams angewiesen.

Doch diese Arbeitsweise kommt seinem Naturell ohnehin entgegen. Er ist nie das einsame Genie gewesen, das zurückgezogen in einer Dachkammer vor sich hin werkelt, stattdessen hat er sich immer am liebsten mit einer Gruppe Gleichgesinnter umgeben. Wobei ganz klar er derjenige ist, der den Kurs bestimmt. Für mehr als ein Künstler-Ego gibt es in seiner Werkstatt keinen Platz.

Die gläsernen Installationen, Skulpturen und Gemälde, die sein Studio verlassen, sind von großer Schönheit. Aber darf Kunst denn heutzutage überhaupt noch schön sein? Dale Chihuly stellt sich diese Frage nicht. Ebenso wenig der Betrachter, der über die Sinfonie der Farben staunt und sich von dem magischen Leuchten und Glitzern des Glases in den Bann ziehen lässt.

Schönheit bedarf keiner Rechtfertigung.

Museum of Glass, 1801 Dock Street, Tacoma
www.museumofglass.org

Chihuly Garden and Glass, 305 Harrison Street, Seattle
www.chihulygardenandglass.com

27 Die Bräute kommen – Frauenmangel am Puget Sound

Es war ein kühler Tag im März des Jahres 1864. In Lowell, Massachusetts, hatte der Winter sein Zepter noch nicht abgegeben, und doch meinte man bereits einen Hauch von Frühling in der Luft zu spüren.

Vor der Unitarier-Kirche hielten Pferdekutschen. Junge Mädchen und Frauen stiegen aus, meist in Begleitung eines älteren Familienmitglieds. Alle strömten in den Versammlungssaal, auf dessen Podium vorne ein junger Mann mit dichtem Vollbart Platz genommen hatte. Er hieß Asa S. Mercer und war trotz seines noch recht jugendlichen Alters von knapp 25 schon Präsident der neugegründeten Universität des Territoriums Washington in Seattle. Doch nicht die Wissenschaft hatte ihn an die Ostküste geführt, sondern eine ganz andere Mission.

Die Stuhlreihen füllten sich schnell. Mercer warf einen Blick auf seine Taschenuhr, nickte kaum merklich und stand auf. Im Saal wurde es still.

Seit den Gründungstagen vor nunmehr zwölf Jahren, so erklärte er nach einigen einleitenden Worten, sei die Zahl der Einwohner in Seattle kräftig angestiegen. Es gebe nun viele Kinder in der aufstrebenden Pionierstadt, doch kaum jemanden, der sie unterrichten könne. Diese missliche Situation habe ihn veranlasst, die weite Reise nach Massachusetts auf sich zu nehmen. Denn hier, in den kultivierten Städten Neuenglands, hoffe er junge Damen mit hohen moralischen Maßstäben und hervorragender Bildung zu finden, die bereit seien, in Seattle und Umgebung als Lehrerinnen zu arbeiten.

„Diejenigen Ladies, die gewillt sind, mit mir in den Nordwesten zu reisen, werden es nicht bereuen", versprach Mercer. „Ich stelle Ihnen eine ehrenvolle Arbeit in den Schulen und anständige Löhne in Aussicht."

Dass es auch darum ging, in Seattle den Anteil der Frauen im heiratsfähigen Alter zu erhöhen, erwähnte er nicht. In der Stadt wimmelte es nämlich von Junggesellen, neun von zehn Erwachsenen waren männlichen Geschlechts. Kein Wunder, da doch Fischerei und Holzwirtschaft vor allem Jobs für kräftige junge Männer boten.

Von Mercers Anwerbe-Aktion würden beide Seiten profitieren, denn in den Neuenglandstaaten waren die Zeiten alles andere als rosig. Die Männer starben auf den Schlachtfeldern des Bürgerkriegs, und in den Städten herrschte Arbeitslosigkeit. Lowell war das Zentrum der Textilindustrie, das Manchester der Vereinigten Staaten, aber da die Südstaaten keine Baumwolle mehr nachlieferten, standen die Webstühle in den Fabriken still. Wie sollte eine junge unverheiratete Frau da noch einen passenden Ehemann und Familienernährer finden?

Mercer rührte eifrig die Werbetrommel. Das Klima im Washington-Territorium, fuhr er fort, sei von zwei Jahreszeiten gekennzeichnet, Winter und Sommer. „Glauben Sie mir", schwärmte er, „kein anderer Flecken auf unserer grünen Erde kann sich rühmen, solch ein wunderbar mildes und ausgewogenes Klima zu haben wie unsere schöne Hügellandschaft am Puget Sound, und das bereits von den ersten Tagen im April bis weit in den November hinein. Alle paar Wochen beglücken uns erfrischende Regenschauer, und die ganze Natur atmet Reinheit und Gesundheit."

Die langen nasskalten Winter, wo Kälte und Feuchtigkeit den Menschen unter alle Kleidungsschichten und bis in die Knochen drangen, musste man auch nicht erwähnen, fand Mercer.

Als der weitgereiste Gast seinen Vortrag schließlich beendet hatte, entstand im Saal eine verhaltene Aufregung. Einige der jungen Mädchen und Frauen im Publikum zeigten zwar noch skeptische Gesichter, die meisten aber hatten leuchtende Augen bekommen. Schwestern begannen miteinander zu flüstern, Freundinnen malten einander ein spannendes neues Leben aus. Nur weg aus Lowell, nur weg von diesem lähmenden Stillstand!

Mercer rekrutierte seine Kandidatinnen in mehreren Städten. Reiselustige Frauen fand er genug, doch das strenge Auswahlverfahren bestanden nur wenige. Bildung, Charakter und Gesundheitszustand spielten eine Rolle, und geradezu unabdingbar war eine gehörige Portion Pionier- und Abenteuergeist. Empfindliche und heimwehkranke Naturen konnte man weder auf der langen Überfahrt noch in Seattle gebrauchen. Außerdem musste jede Frau in der Lage sein, 250 Dollar – damals viel Geld – an Reisekosten aufzubringen.

Am Ende waren es nicht mehr als elf junge Frauen im Alter zwischen 15 und 35, die in New York unter Mercers Führung mutig die Gangway des Dampfers *Illinois* hinaufschritten – mit dem Wissen, dass sie ihre Heimat so schnell nicht wiedersehen würden.

Frauen mit Pionier- und Abenteuergeist

Ein kalter, böiger Wind wehte, als das Schiff am 14. März mit 798 Passagieren an Bord Kurs auf den offenen Atlantik nahm. Zehn Tage später lief es im Morgengrauen in den Hafen von Colon im Osten von Panama ein. Mit der Eisenbahn überquerte Mercers Gruppe die Landenge, und von Panama City aus ging es über mehrere Zwischenstationen per Dampfer Richtung Norden bis nach Seattle.

Am späten Abend des 16. Mai erreichten die Frauen endlich ihr Ziel, müde zwar, aber ansonsten wohlbehalten und guter Dinge. Sie hatten sich unterwegs angefreundet, einander geholfen und getröstet, voneinander gelernt und in manch komischer Situation zusammen gelacht. Nun blickten sie mit Zuversicht in die unbekannte Zukunft, die vor ihnen lag.

Am Nachmittag des nächsten Tages fand für Asa Mercer und seine „Girls" ein Empfang auf dem Gelände der Universität statt. Ein Vertreter der Stadt hieß die Frauen willkommen und sagte: „Wir sind Ihnen zu großem Dank verpflichtet! Es zeugt von Mut und Opferbereitschaft, dass Sie Ihre Lieben und das vertraute heimische Kaminfeuer verlassen haben, um die Mühen des Lebens hier an der Nordwestküste auf sich zu nehmen."

Auch das Wetter zeigte sich freundlich. Als sich der Tag dem Ende zuneigte, ging die Sonne wie ein Flammenball am Horizont unter und tauchte den Himmel im Westen in einen milden, rotgoldenen Schimmer.

„Ein guter Anfang", sagten die Frauen.

Jede der Frauen erhielt eine Stelle als Lehrerin in Seattle oder einer der anderen Siedlungen am Puget Sound. Doch auch der unausgesprochene zweite Zweck wurde erreicht. Nachdem Asa Mercer für die ortsansässigen Junggesellen einen Crashkurs in Sachen Brautwerbung abgehalten hatte, konnten innerhalb eines Jahres alle Damen von der Ostküste Hochzeit feiern. Mit zwei Ausnahmen: Eines der Mädchen wurde sehr krank und starb vier Monate nach der Ankunft. Und die Älteste der Gruppe, die inzwischen 36-jährige Elizabeth Ordway, verfolgte ein anderes Ziel.

„Mir geht es darum, die Bildungsstandards von Neuengland auch hier im Nordwesten zu verbreiten“, verkündete sie selbstbewusst. „Ein Ehemann? Dafür habe ich keine Zeit.“

Ordway konnte sich in mehreren Fremdsprachen unterhalten, beherrschte zudem Latein und Griechisch und kannte sich in der klassischen Literatur aus. Wer sich mit ihr auf eine Diskussion einließ, den argumentierte sie mit Witz und Verstand in Grund und Boden.

Anfangs wohnte sie im Hause der Familie Yesler. Henry Yesler war einer der Pioniere und führenden Männer der Stadt. Seine Ehefrau Sarah und der neue Hausgast verstanden sich sofort ausgezeichnet, und oft fand man die beiden in eine angeregte Unterhaltung vertieft. Dabei ging es nicht um Kochrezepte und Strickmuster, sondern um die Gleichstellung von Frauen und das Frauenwahlrecht, ein politisches Thema, das Ordway später aktiv weiterverfolgen würde.

Die junge Frau, die bereits über zwölf Jahre Erfahrung verfügte, war die geborene Lehrerin. Im Laufe der folgenden Jahre unterrichtete sie an mehreren verschiedenen Schulen am Puget Sound, sowohl in Seattle als auch in viel abgelegeneren Orten, wo die Schüler mit dem Kanu zur Schule paddelten. Stoisch ertrug sie die Einsamkeit, die Wildnis vor der Haustür und die primitiven Umstände im Nordwesten, denn sie hatte eine Mission.

Ordway bewährte sich sogar in den berüchtigten „mill towns“, den Siedlungen, die sich um eine Sägemühle herum gebildet hatten. Hier lebten vor allem Holzfäller und Holzarbeiter, und entsprechend rau waren die Sitten von Erwachsenen und Kindern gleichermaßen. Wenn aber die kleine, zierliche Frau mit den wachen grauen Augen das Klassenzimmer betrat, dann herrschte nicht nur sehr bald Disziplin, sondern es gelang ihr auch, in den Kindern Ehrgeiz und die Lust am Lernen zu wecken.

Im Jahr 1881 kandidierte sie als Leiterin der Schulbehörde im Kitsap County, einem Verwaltungsbezirk, der sich auf einer Halbinsel auf der östlichen Seite des Puget Sound befindet. Ein Redakteur des *Seattle Post-Intelligencer* kommentierte abfällig: „Es mag ja ein guter Witz sein, eine Frau zu nominieren, aber ich halte das Amt des School Superintendent nicht für so unwichtig, dass ich meine Stimme so einfach einer Frau geben würde."

Die Bewohner des Countys ließen sich davon nicht beeindrucken. Sie stimmten mehrheitlich für den besten Kandidaten, und der war nun mal weiblichen Geschlechts. In ihren beiden Amtszeiten versah Ordway ihre Arbeit mit wesentlich mehr Engagement und Sorgfalt als jeder ihrer Vorgänger. Ihre gewissenhaft verfassten Berichte finden sich noch heute im Archiv des County Courthouse in Port Orchard.

Ordway war eine der ersten Karrierefrauen des Territoriums und späteren Bundesstaats Washington. Sie starb 1897 im Alter von 69 Jahren.

Asa Mercer sah es offenbar als seine Pflicht an, die Frauenquote deutlich zu erhöhen, denn er unternahm noch eine zweite Expedition an die Ostküste. Die verlief insgesamt holpriger, war aber ebenfalls von Erfolg gekrönt. Als er im Mai 1866 zurückkehrte, gingen 34 junge Frauen mit ihm von Bord, um in Seattle ein neues Leben zu beginnen.

Die „Mercer-Girls", wie sie genannt wurden, brachten Kultur, Bildung und Herzenswärme an den Puget Sound. Schade, dass man ihnen dafür kein Denkmal gesetzt hat.

28 Licht für Seattle – Wasserkraft aus den North Cascades

„Elektrizität – oh, wie aufregend!", rief die Dame mit dem blumengeschmückten Strohhut und raffte ihren langen Rock, während sie die Treppenstufen in dem steilen Gartengelände emporstieg. Mildred Johnson, so hieß die Dame, war mit einer Freundin aus Seattle gekommen, um an einer Besichtigungstour am Skagit River teilzunehmen, rund hundert Meilen nordöstlich der Stadt in den Bergen der North Cascades.

Es war das Jahr 1931, und erst im Jahr zuvor hatte man am Oberlauf des Flusses eine zweite Talsperre fertiggestellt, um die energiehungrige Großstadt mit Strom zu beliefern. Die Staudämme Gorge Dam und Diablo Dam sowie die angeschlossenen Wasserkraftwerke gehörten der öffentlichen Versorgungsgesellschaft Seattle City Light. Das Unternehmen war eifrig darum bemüht, sich die Akzeptanz der Bevölkerung zu erhalten, da doch die privaten Versorger nur darauf lauerten, das lukrative Stromgeschäft an sich zu reißen.

So kam der Superintendent von Seattle City Light, James Delmage Ross, auf die Idee, aus den Anlagen am Skagit River eine Touristenattraktion zu machen.

„Ist es nicht ein Wunderwerk der Technik", schwärmte er, „wie wir mithilfe des fallenden Wassers Energie erzeugen?" Und genau das wollte er den Leuten zeigen. Sie sollten wissen, wo der Strom herkam, der bei ihnen zu Hause so zuverlässig die Lampen leuchten ließ.

Ross hatte nicht nur ein Händchen für Technik und fürs Geschäft, sondern auch, und das war seine große Passion, für Gartenbau. Funktionalität und Schönheit mussten einander nicht ausschließen, fand er. Deshalb legte er um das Gorge-Kraftwerk herum kunstvoll und liebevoll einen Park an, mit einheimischen und exotischen Blumen, Sträuchern und Bäumen, und fügte sogar einen kleinen Zoo hinzu.

Mildred Johnson war von dem Ausflug hellauf begeistert. Per Automobil hatte man sie und ihre Begleiterin von Seattle nach Rockport gebracht, und von dort ging es mit der Eisenbahn weiter nach Newhalem. In dem kleinen Ort am Fluss wohnten die Angestellten der Kraftwerksanlagen, und auch die Besucher logierten dort.

Mrs. Johnson ließ sich die Arbeitsweise der Turbinen genau erklären – unfassbar, dass sie bewirkten, dass in ihrem Haus Strom aus allen Steckdosen kam! Anschließend wanderte sie mit ihrer Freundin durch den Park und bestaunte den Seerosenteich und die tropischen Blumen mit ihren farbenprächtigen Blüten. Der Höhepunkt folgte am Abend. Als sich die Dämmerung über Newhalem senkte, erstrahlte das Gorge-Kraftwerk in einem bunten Feuerwerk aus Licht, ebenso die Ladder Creek Falls, der Wasserfall hinter der Anlage. Durch den Park flutete aus versteckten Lautsprechern eine geheimnisvolle Musik mit ätherischen Klängen.

Mrs. Johnson fühlte sich wie verzaubert. „Es ist, wie durch ein Wunderland zu schreiten“, sagte sie leise und verträumt zu ihrer Freundin.

Der richtige Mann am richtigen Ort

Der Skagit River ist ein wilder Fluss. Von seiner Quelle in den kanadischen Cascades in der Provinz British Columbia macht er sich auf den Weg nach Süden. Schon bald überquert er die Landesgrenze, um dann in eigenwilligen Sprüngen durch die North Cascades zu eilen. Von dort schlägt er einen weiten Bogen nach Südwesten und Westen, wobei er unterwegs noch mehrere Bäche und Nebenflüsse aufnimmt. In vielen Windungen geht es weiter Richtung Mündung. Kurz vor dem Ziel teilt er sich in zwei Arme, die sich am Puget Sound schließlich mit den Wellen des Pazifiks vereinigen.

Die Sprünge, die der Skagit River sich heute noch erlaubt, fallen lange nicht mehr so wild aus wie in früheren Zeiten, und das liegt am „Skagit River Hydroelectric Project", einer Reihe von drei Staudämmen, die man an seinem Oberlauf gebaut hat. Verantwortlich dafür zeichnet auch in diesem Fall James D. Ross, der Mann mit den vielen Talenten.

Als Ross um das Jahr 1900 im Alter von 28 Jahren nach Seattle kam, da stellte sich bald heraus, dass er der richtige Mann am richtigen Ort war. Weil die privaten Anbieter überhöhte Preise verlangten, hatte die Stadt gerade beschlossen, die Stromversorgung von Gewerbe und Haushalten in die eigenen Hände zu nehmen. Zu diesem Zweck sollte am Cedar River südöstlich von Seattle ein städtisches Kraftwerk gebaut werden.

Ross arbeitete zu dieser Zeit bereits als Assistent in der technischen Verwaltung. Als er von dem Projekt hörte, nahm er allen Mut zusammen, klopfte bei Stadt-Ingenieur Reginald Thomson an und sagte: „Sir, ich kann die Planung und Organisation übernehmen."

Dabei besaß er keinerlei formelle Qualifikationen; alles, was er über Elektrizität wusste, hatte er sich selbst beigebracht.

„Junger Mann", sagte Thomson zweifelnd, „verfügen Sie denn über Erfahrungen im Bau von Kraftwerken?"

„Das nicht“, antwortete Ross, „aber werden Sie überhaupt jemanden finden, der solche Erfahrungen vorweisen kann?“

Auch wieder wahr, dachte Thomson, und laut sagte er: „Na gut, dann machen Sie mal.“

Zwei Wochen später tauchte Ross wieder in Thomsons Büro auf, diesmal mit den fertigen Plänen. Und die waren so überzeugend, dass er den Job bekam – ein großer Sprung nach oben auf der Karriereleiter.

Die Zähmung des Flusses

Eine Stadt mit Ambitionen, so sagte sich Ross, brauchte vor allem Energie, damit die Wirtschaft wachsen konnte. Weil ihm klar war, dass das Kraftwerk am Cedar River schon bald nicht mehr in der Lage sein würde, den Energiebedarf von Seattle zu decken, begann er nach weiteren Standorten zu suchen. Am oberen Skagit River schließlich fand er ideale Bedingungen vor: Hier hatte der Fluss im Laufe der Jahrtausende tiefe Schluchten in die Berge gefräst, und auch das Gefälle war beeindruckend.

„Drei Staudämme, mindestens“, sagte Ross zufrieden.

Nun durfte die Stadt aber nicht einfach eine Reihe von Staumauern in die Berge klotzen. Bevor Ross die Bautrupps dorthin schicken konnte, brauchte er die Zustimmung der staatlichen Behörden. Inzwischen waren die Vereinigten Staaten in den Ersten Weltkrieg eingetreten, ein Umstand, den der Superintendent zu nutzen wusste. Er sprach höchstpersönlich bei den zuständigen Ministerialbeamten in Washington, D.C., vor und argumentierte, dass Seattle ganz dringend drei Wasserkraftwerke brauche, um einen wichtigen Beitrag zu den Kriegsanstrengungen zu leisten.

Und wieder einmal gelang es ihm, die Entscheidungsträger zu überzeugen. Man räumte ihm alle politischen Hindernisse aus dem Weg, und Ross konnte mit der Planung für das Skagit River Hydroelectric Project anfangen.

Im Jahr 1921 begannen die Bauarbeiten für den 91 Meter hohen Gorge Dam, und im September 1924 lieferte das Kraftwerk erstmalig Strom nach Seattle. Eröffnet wurde die Anlage aus der Ferne durch US-Präsident Calvin Coolidge in seinem Amtszimmer im Weißen Haus. Während die Kameras der Presseleute klickten, drückte er auf einen goldenen Knopf und setzte damit, zumindest offiziell, die Generatoren in Gang.

Fünf Meilen weiter flussaufwärts folgte einige Jahre später der Diablo Dam, ein 119 Meter hoher Betonwall, der 1930 bei seiner Fertigstellung als die höchste Staumauer der Welt galt. Diesen Rekord sollte Nummer drei, der Ross Dam, noch locker übertreffen. Als die dritte Ausbaustufe 1953 beendet war, erreichte dessen Dammkrone die stolze Höhe von 165 Metern. Und der Ross Lake, der dazugehörige Stausee, erstreckte sich so weit nach Norden, dass er über die kanadische Grenze hinwegschwappte.

Damm und See wurden nach James D. Ross benannt, der 1939 einen Herzinfarkt erlitt und so plötzlich verstarb, als hätte man ihm das Licht ausgeknipst. „Father of City Light“, so nannte man ihn liebevoll. Während seiner gesamten Zeit im Amt hatte er darum gekämpft, dass der Stromversorger ein städtischer Betrieb blieb, denn nur so war es möglich, den Bewohnern und vor allem der Wirtschaft Energie zu niedrigen Preisen zu liefern.

Mit einer Gesamtleistung von 711 Megawatt erzeugen die drei Wasserkraftwerke heute 20 Prozent der Strommenge, die das Unternehmen für den Großraum Seattle bereitstellt. Der Skagit River mit seinen Stauseen und Anlagen trennt den 1968 gegründeten North Cascades National Park in zwei Hälften. Das Areal ist zwar nicht Teil des Parks, aber der Betreiber hat sich verpflichtet, die Natur so wenig wie möglich zu stören.

Das Besichtigungsprogramm, das Mildred Johnson damals so begeistert hat, wurde zwar 1941 eingestellt, später jedoch nahm Seattle City Light das Programm in einer abgewandelten Form wieder auf.

Elektrizität kann auch heute noch faszinierend sein.

Das Visitor Center des North Cascades National Park ist südlich des Newhalem Creek Campground zu finden, zu erreichen über die State Route 20.
www.nps.gov/noca

www.skagittours.com

29 King of Software – Microsoft in Redmond

Vor ein paar Wochen landete eine Nachricht von Microsoft in meiner Mailbox, ich solle mich um ein seit zwei Jahren nicht genutztes Konto kümmern. Unter der Mail stand kleingedruckt die Adresse des Absenders: Microsoft Corporation, One Microsoft Way, Redmond, WA 98052, USA. Als ich das las, stiegen Erinnerungen in mir auf.

Von Seattle aus hatten wir einen kurzen Abstecher nach Redmond unternommen. Die Stadt liegt ein paar Meilen östlich vom Lake Washington und ist ein Teil des Speckgürtels, wo große, erfolgreiche Firmen residieren und gutverdienende Angestellte in teuren Apartments wohnen.

Wer Redmond sagt, meint gleichzeitig Microsoft, denn hier haben die Macher von Windows und Co. ihr Hauptquartier. Mit mehr als 50 000 Mitarbeitern bildet es eine Stadt für sich. Wir fuhren an einem dezenten, dunkelgrauen Firmenschild vorbei, auf dem das bekannte Logo mit den vier farbigen Quadraten zu sehen war – jedes davon steht für einen bestimmten Geschäftsbereich –, dazu der Schriftzug mit dem Namen in Weiß.

Das Ensemble der Gebäude kam mir ein wenig langweilig vor, wobei ich zugeben muss, dass ich nur einen Bruchteil gesehen habe. „No frills" – ohne Schnickschnack, das war anscheinend das Leitmotiv des Architekten gewesen.

Auf dem Gelände, wo heute die Leute von Microsoft vor ihren Computerbildschirmen sitzen, gackerten und scharrten bis in die sechziger Jahre die Hühner der Morelli

Chicken Ranch. Danach sollte ein Einkaufszentrum hier entstehen, das nie realisiert wurde, und 1985 schließlich erwarb Microsoft das Land.

Vor einigen Jahren gelangte der Vorstand zu der Erkenntnis, dass die zukünftige Generation von Angestellten eine zeitgemäße Arbeitsumgebung brauchen werde, und seitdem hat der IT-Riese seinen Campus in Redmond umfassend renoviert und erweitert. Damit die jungen Nerds sich wohlfühlen, bekommen sie sogar zwei Baumhäuser zur Verfügung gestellt!

Die glitzernde neue Microsoft-City umfasst inzwischen 131 Gebäude und bietet 85 Hektar Bürofläche.

Eine goldene Zukunft für Heimcomputer

Und wie hat alles angefangen? Nein, diesmal nicht in einer Garage, auch wenn entsprechende Legenden kursieren, die das behaupten. Microsoft-Gründer William Henry Gates, Jahrgang 1955 und Sohn eines erfolgreichen Rechtsanwalts, begann seine Karriere als Computerfreak in der privaten Lakeside School in Seattle, einer der besten Schulen des Bundesstaats.

Auf der Lakeside School hatte Bill Gates die Chance, auf den Gebieten, die ihn am meisten interessierten, vor allem Mathematik und Technik, viel zu lernen und auszuprobieren. Als Gates in die achte Klasse ging, organisierte der Mütterclub der Schule ein Fernschreiber-Terminal für die Schüler, den man über die Telefonleitung mit einem Computer der Firma General Electrics verbinden konnte.

Die Nutzungszeit auf diesem Großrechner war kostspielig. Die Jugendlichen schrieben ihre Programme offline, übertrugen sie auf Lochstreifen und wählten erst dann den Computer an, um die Informationen zu übertragen. Derjenige, der gerade am Fernschreiber saß, konnte ganz schön ins Schwitzen geraten, war er doch immer von einer Horde von Mitschülern umringt, die lautstark ihre Kommentare abgaben: „He, du hast dich verschrieben!“, „Du bringst ja alles durcheinander!“, „Die Zeit läuft, mach schneller!“

In der Programmiersprache BASIC schrieb Gates seine ersten Programme, und es faszinierte ihn jedes Mal, wie exakt der Rechner den Code ausführte. Diese Erfahrungen waren es, die die Weichen für seinen weiteren Lebensweg stellten.

Schon in seinen Teenagerjahren programmierte Gates für IT-Firmen – Programmierleistung gegen Computernutzung, so lautete der Deal. Oft hockte er mit seinem Schulfreund Paul Allen vor den Geräten, mit ihm teilte er die Leidenschaft für alles, was mit Computern zu tun hatte.

Nach dem Highschool-Abschluss studierte Gates in Harvard, eigentlich aber lockte es ihn viel mehr, sich als Unternehmer zu versuchen. Anfang 1975 las er zufällig einen Artikel über den Altair 8800, einen sogenannten Microcomputer und Vorläufer des Personal Computer. Kurzentschlossen rief er den Hersteller an, die Firma Micro Instrumentation and Telemetry Systems (MITS), und verkündete, er und sein Freund Paul Allen hätten für diesen Computer eine spezielle Software geschrieben, den BASIC Interpreter. In Wahrheit existierte das Programm noch gar nicht, aber das ließe sich ja ändern, dachte Gates.

„Interessant“, meinte der Boss von MITS, ganz angetan von dem Angebot, „dann kommt mal rüber, Jungs, und führt uns die Sache vor.“

In fieberhafter Tag- und Nachtarbeit schrieben die beiden den Code zusammen. Der funktionierte einwandfrei, und MITS sagte zu, das Programm unter dem Namen Altair BASIC zu vertreiben.

Am 4. April 1975 gründeten die Freunde die Firma Microsoft, mit Gates, der noch nicht einmal zwanzig Jahre alt war, als Geschäftsführer. Schon damals sah er voraus, dass dem Heimcomputer eine goldene Zukunft bevorstand. Und all diese Hardware würde Software brauchen – und damit Produkte von Microsoft.

Ein Date mit dem Chef

Im Jahr 1987 stellte sich eine junge Frau bei der Firma IBM vor, sie hieß Melinda French. Melinda war 23 Jahre alt und konnte glänzende Zeugnisse vorweisen, mit einem Bachelorabschluss in Informatik und Wirtschaft und einem Masterabschluss in Betriebswirtschaft. Bei IBM hatte sie bereits ein Praktikum absolviert, und nun bewarb sie sich auf eine feste Stelle. Eine Zusage war ihr so gut wie sicher.

Neugierig fragte die Personalchefin: „Haben Sie noch weitere Angebote?“

„Ich habe alle anderen Angebote abgelehnt“, antwortete Melinda, „bis auf das von Microsoft.“

Die Personalchefin reagierte überraschend. „Wenn Sie meinen Rat hören wollen: Gehen Sie zu Microsoft. Bei IBM kann man zwar großartig Karriere machen, aber man muss jede Stufe der Karriereleiter einzeln nehmen. Und gerade für Frauen ist es schwer, hier nach oben zu kommen. Microsoft dagegen ist ein junges, schnell wachsendes Unternehmen, in dem Frauen bessere Chancen haben.“

Dieses Argument leuchtete Melinda ein. Sie fing bei Microsoft an und arbeitete dort als Produktmanagerin. Noch im selben Jahr lernte sie Bill Gates auf einer Presseveranstaltung kennen. Einige Zeit später traf sie ihn zufällig auf dem Firmenparkplatz in Redmond wieder, und Gates fragte sie, ob sie mit ihm ausgehen würde.

Melinda war zunächst skeptisch. Ein Date mit dem Firmenchef – ob das so eine gute Idee war? Sein Geld interessierte sie nicht, sie verdiente selbst genug und brauchte keinen Mann, der ihr ein bequemes Leben finanzierte.

Dennoch sagte sie zu. Nach dem ersten Date entfaltete sich eine Romanze, die in eine Hochzeit mündete, gefolgt von einem Familienleben mit drei Kindern.

Melinda aber hat sich mit ihrer Rolle als Ehefrau und hübschem Anhängsel des reichsten oder auch zweitreichsten Mannes der Welt – die Rangliste ändert sich bisweilen – nie zufriedengegeben. Zwar verließ sie Microsoft, um sich um ihre Familie zu kümmern, doch sie sitzt schon seit vielen Jahren im Vorstand der Bill & Melinda Gates Foundation, der mit Abstand größten Privatstiftung der Welt. Stiftungsgelder von rund 50 Milliarden Dollar werden hier verwaltet.

Das Paar hat sich 2021 getrennt, doch in ihrer Organisation sind beide Gründer nach wie vor gemeinsam tätig.

Gegen Hunger und Armut

Ohne Melinda gäbe es die Stiftung nicht. Die Idee dazu entstand 1993 während einer gemeinsamen Reise nach Afrika. Eigentlich wollten sie nur eine Safari unternehmen, doch dann war es nicht die Tierwelt, die bei Melinda den größten Eindruck hinterließ, sondern die Armut der Menschen, die hier lebten. Sie traf auf eine Kultur, die ihr fremder nicht hätte sein können.

Ein Jahr später gründete das Ehepaar die William H. Gates Foundation, benannt nach Bills Vater. Später kam die Gates Learning Foundation hinzu, und im Jahr 2000 wurden die beiden Stiftungen unter dem heutigen Namen zusammengeführt.

Die Bekämpfung von Hunger und Armut, eine bessere medizinische Versorgung und mehr Bildungschancen für benachteiligte Menschen weltweit, so lassen sich die Schwerpunkte der Stiftungsarbeit zusammenfassen. Außerdem gibt es ein spezielles Programm für die USA, das sich den Themen Bildung, Bibliotheken und Internetzugang widmet.

Der Hauptsitz der Stiftung wurde im Herzen von Seattle errichtet, gleich gegenüber dem Seattle Center. Seit 2011 breitet sich hier ein Campus aus, der ganz nach den Gesichtspunkten der Nachhaltigkeit gestaltet wurde. Grün, einladend und fußgängerfreundlich.

Vor dem Besucherzentrum fanden wir eine Tafel in Form eines aufgeschlagenen Buchs, und darauf stand: „We believe that every single school should prepare every single student to succeed in college." (Wir glauben, dass jede einzelne Schule jeden einzelnen Schüler auf ein erfolgreiches College-Studium vorbereiten sollte.)

Bessere Schulen für jedes Kind, das ist nach den prägenden Erfahrungen, die Bill Gates an der Lakeside School machen durfte, ein wichtiges Ziel der Stiftung.

In den Räumen des Besucherzentrums fand gerade eine Ausstellung statt mit dem Titel „Women Hold Up Half the Sky“, frei übersetzt: „Frauen gehört der halbe Himmel“. Für Melinda Gates ist es ein Herzensanliegen, die Situation der Frauen, die in vielen Ländern der Erde nach wie vor diskriminiert werden, zu verbessern.

Die Stiftung erfährt nicht nur Lob für ihre Arbeit, sondern auch viel Kritik. Doch selbst die Kritiker müssen zugeben, dass die Organisation schneller und effizienter positive Veränderungen herbeiführt als jedes staatliche Programm.

Wie war das noch mit dem ungenutzten Konto von Microsoft – habe ich die Nachricht jetzt gelöscht, oder versteckt sie sich noch irgendwo? Vielleicht schicken sie mir eine zweite Erinnerung. Ich bekomme gerne Post aus Redmond.

Microsoft Visitor Center, 15010 NE 36th Street, Redmond
www.microsoft.com/en-us/visitorcenter

Bill & Melinda Gates Foundation Visitor Center, 440 5th Avenue North, Seattle
www.gatesfoundation.org

30 Bertha, der Supermaulwurf – ein Jahrhundertprojekt im Straßenbau

Bertha, so heißt in Seattle eine der wichtigsten Persönlichkeiten der neueren Stadtgeschichte. Jahrelang verbarg sich Bertha im Untergrund, und dennoch kannte sie jeder. Fernsehsender und Zeitungen berichteten fast täglich über ihre aufregenden Aktivitäten, und auch im Internet konnte man verfolgen, was sie tief in der Erde so trieb. Bertha hatte einen wichtigen Job zu erledigen: Sie sollte einen Straßentunnel graben. Wie ein Riesenmaulwurf arbeitete sie sich Stück für Stück vorwärts und schaffte dabei gigantische Mengen Erde zur Seite.

Bis zum 4. April 2017. An diesem Tag wirbelte sie ein letztes Mal Staub und Dreck auf, dann schob sie sich blinzelnd ins Sonnenlicht. „Geschafft!" – Nein, das sagte sie nicht, aber man hätte es sich sehr gut vorstellen können. Die Arbeiter, Zuschauer und Presseleute, die sich in sicherer Entfernung am Ausgang des Tunnels eingefunden hatten, empfingen den erfolgreichen Supermaulwurf mit Jubel und Applaus.

Bertha war die größte Tunnelbohrmaschine weltweit, als sie am 30. Juli 2013 ihre Arbeit aufnahm, ein Monstrum, das vom Format her jeder Mondrakete hätte Konkurrenz machen können. Ihr Bohrkopf hatte einen Durchmesser von 17,5 Metern, was ungefähr der Höhe eines fünfstöckigen Hauses entspricht, ihre Länge betrug 112 Meter, ihr Gesamtgewicht 7 241 Tonnen. Angetrieben wurde der Bohrkopf von 22 starken Motoren, die es zusammen auf eine Leistung von 16 500 PS brachten.

Die Maschine war ein Unikat, eine Maßanfertigung der japanischen Firma Hitachi Zosen bei Osaka. Als Bertha per Frachtschiff im Hafen von Seattle eintraf, sah man ihr die bevorstehende Aufgabe noch nicht an, denn der Hersteller hatte sie für den Transport in 41 Einzelteile zerlegt. Bertha wurde zu der geräumigen Startgrube am Südende des geplanten Tunnels gebracht, wo eine Techniker-Crew sie zusammensetzte und startklar machte.

Hitachi Zosen schickte eine Rechnung über 80 Millionen Dollar – eine ganz ordentliche Summe, aber bei diesem Projekt nur ein kleiner Posten in der Aufstellung der Gesamtkosten. Die nämlich sollten sich laut Planung auf 3,1 Milliarden Dollar belaufen. Die Geldgeber, das heißt, die US-Regierung, der Bundesstaat Washington, das King County, der Hafenbetrieb Port of Seattle und die Stadt Seattle selbst, sie alle mussten tief in die Tasche greifen.

Als die Planung bekannt wurde, rieb sich der Otto-Normal-Bürger erstaunt die Augen und fragte: Ein so teurer Tunnel – ist das wirklich nötig? Und was ist an der bisherigen Verbindung, dem Alaskan Way Viaduct, auszusetzen?

Wer schon einmal in Seattle war, wird dieses Viadukt noch kennen, eine doppelstöckige Schnellstraße, die sich zwischen der Elliott Bay und der City entlang zog. Ein hässliches, graues Ding aus Beton, das direkt vor den Fenstern der Häuser verlief und vom Wasser aus wie ein überdimensionaler Zaun den Blick auf das Stadtpanorama verstellte.

Das Alaskan Way Viaduct, gebaut in den Jahren 1949 bis 1953, war Teil der State Route 99, die ebenso wie die weiter stadteinwärts verlaufende Autobahn, die Interstate 5, als Durchgangsstraße dient. Damals wurde die Konstruktion als Meilenstein moderner Verkehrsplanung gefeiert, doch in neuerer Zeit galt sie bei vielen Bewohnern als Schandfleck.

Bei einem Bummel über den Pioneer Square waren wir mehr zufällig im „Milepost 31" gelandet, einem Informationszentrum, wo sich die Leute über das Straßenbauprojekt informieren konnten. Ein freundlicher Mitarbeiter namens Dave erklärte uns, das Viadukt solle abgerissen und durch einen Straßentunnel ersetzt werden.

Wird aber auch Zeit, dass das graue Betonmonster wegkommt, dachte ich.

„Aber nicht, weil das Viadukt hässlich ist", fügte Dave hinzu, als hätte er meine Gedanken gelesen. „Das allein wäre für keinen der Verantwortlichen Grund genug, so viel Geld auszugeben. Nein, die alte Hochstraße ist nicht mehr sicher genug. Tag für Tag befahren rund 110 000 Autos diesen Teil der SR 99, da würde ein stärkeres Erdbeben sehr wahrscheinlich zu einer Katastrophe führen."

Erst im Februar 2011 war das ohnehin schon betagte Viadukt durch ein Erdbeben der Stärke 6,8 beschädigt worden, und die Betonpfeiler mussten für viele Millionen Dollar repariert und verstärkt werden.

Die Experten machten sorgenvolle Gesichter. Die Straße sei ein großes Sicherheitsrisiko! Schließlich könne sich solch ein Erdbeben jederzeit wiederholen. Schon im Jahr 2005 hatten Geologen von der University of Washington den zuständigen Politikern dringend empfohlen, das Viadukt möglichst bald für den Verkehr zu sperren.

Das Hauptproblem bestand darin, dass die Pfeiler in aufgeschütteter Erde verankert waren und in einem Bereich standen, der vom Uferdamm, dem Alaskan Way Seawall, an Ort und Stelle gehalten wurde. Aber auch dieser Damm war nicht mehr ganz stabil, da Meeresorganismen die hölzerne Stützkonstruktion im Untergrund angenagt hatten. Dadurch hätte im Falle eines Erdbebens Wasser bis in die Erde unter dem Viadukt vordringen können. Das nasse Erdreich wäre ins Rutschen gekommen, die Betonpfeiler gerieten ins Wanken, die Fahrbahnen würden Wellen schlagen – mit verheerenden Folgen für den rollenden Verkehr auf den beiden Stockwerken.

Höchste Zeit also für eine neue Lösung, und die lautete nach einigem Hin und her: Wir bauen einen Tunnel tief unter der Erde.

Viel Spaß mit Bertha

Tapfer fraß Bertha sich durch Erde, Sand und Kies, mit einer Geschwindigkeit von durchschnittlich zweieinhalb Zentimetern pro Minute. Ein Hofstaat von über hundert Technikern war ihr zu Diensten, um sie zu überwachen, zu warten und ihre Aktivitäten zu steuern. Der Tunnel sollte 2,8 Kilometer lang werden, und man rechnete damit, dass die Maschine ihren Job nach vierzehn Monaten erledigt haben würde.

Doch es kam anders. Am 6. Dezember 2013, nach 311 Metern, gab Bertha ein beunruhigendes metallisches Knirschen von sich, ihr Bohrkopf hörte auf zu rotieren und rührte sich nicht mehr. Was war passiert?

Hektisch suchten die Spezialisten nach einer Erklärung für den plötzlichen Stillstand. Sie fanden ein Stahlrohr, dass irgendein Dummkopf nach einer Probebohrung im Vorfeld des Projekts in der Erde vergessen hatte. Bertha war dafür ausgelegt, sich durch alle möglichen Erd- und Gesteinsschichten zu arbeiten, doch mit Metall konnte sie offenbar nicht umgehen. Das Stahlrohr hatte sich in ihren Zähnen verkantet und den High-Tech-Mechanismus damit komplett außer Gefecht gesetzt. Zumindest war das die erste Theorie. Eine spätere Theorie besagte, Teile der Maschine hätten sich überhitzt. Vielleicht traf aber auch beides zu.

Die arme Bertha war schwer angeschlagen und reparaturbedürftig. Jetzt steckte die Riesenbohrmaschine aber tief unter der Erde fest, und man konnte nicht mal eben ein paar Mechaniker mit dem Werkzeugkasten hinschicken. Die Reparatur gestaltete sich als ungeheuer umständlich: Man musste zunächst einen 37 Meter tiefen Schacht ausbaggern, um überhaupt an den Bohrkopf heranzukommen, ihn abzumontieren und ans Tageslicht zu befördern. In ein solches Loch hätte ein Hochhaus mit zwölf Etagen gepasst! Doch zumindest, und das war Glück im Unglück, hatte die Maschine nicht unter bewohntem Gebiet angefangen zu streiken.

Zwei lange Jahre dauerte es, bis Bertha bereit war, ihre Maulwurfstätigkeit erneut aufzunehmen. Dann aber kam sie wieder stetig voran, nur gelegentlich unterbrochen durch ein paar kleinere Probleme, wie sie bei einem Bauprojekt dieser Größenordnung nun mal zu erwarten sind.

Wie stand die Öffentlichkeit zu den diversen Baustellen in diesem verkehrsreichen Abschnitt zwischen Küste und Innenstadt? Immerhin hatten sich Bewohner und Autofahrer für viele Jahre auf Baustellenlärm, Umwege, Staus und Sperrungen einstellen müssen, da waren Kritik und Unmut vorprogrammiert. Am südlichen Ende der Strecke hatte man bereits einen Teil des Viadukts abgerissen, obwohl die Arbeiten an der Tunnelröhre zu diesem Zeitpunkt noch lange nicht beendet waren.

Die Projektleitung lag beim Verkehrsministerium des Bundesstaats Washington, dem Washington State Department of Transportation, kurz WSDOT. Und diese

Behörde hatte eine kluge Kommunikationsstrategie ausgearbeitet, bestehend aus einem Mix aus Informationen in leicht verständlicher Sprache und Unterhaltung.

Die Tunnelbohrmaschine befand sich noch in den Fabrikhallen von Hitachi Zosen, da veranstaltete WSDOT schon einen Wettbewerb unter den Schulen und forderte die Schüler auf, einen Namen für die Maschine zu finden. Die einzige Bedingung war, dass dieser im Zusammenhang mit der Geschichte des Bundesstaats stehen sollte. Zwei Grundschulen schlugen den Namen Bertha vor, denn so hatte die erste Bürgermeisterin von Seattle geheißen: Bertha Knight Landes. Sie war von 1926 bis 1928 im Amt gewesen.

Gute Idee, fand das zuständige Gremium, und kaum war die Entscheidung gefallen, richtete man Bertha umgehend einen Twitter-Account ein. Bereits von unterwegs twitterte die Maschine, es sei zwar schön in Japan, aber sie freue sich nun auf ihre Arbeit in Seattle. Und als ihr Schiff in die Elliott Bay einfuhr, unterhielt sie sich bereits mit der Space Needle, die ebenfalls gerne per Twitter kommuniziert.

Dazu bekam Bertha eine eigene Webseite, auf der jeder ihr Vorankommen verfolgen konnte. Mit besonderen Aktionen sorgte die Behörde immer wieder für Spiel und Spaß, und für informationshungrige Bürger gab es eine weitere Webseite und vor allem das Milepost 31 an zentraler Stelle, dem Pionieer Square. Wer wollte, durfte an geführten Besichtigungstouren teilnehmen, und zwar kostenfrei.

Das Stadtumbauprojekt an der Elliott Bay beschränkt sich nicht allein auf den Tunnel und die notwendigen Zufahrten. Eine „Waterfront for all“ hat die Stadt den Bewohnern von Seattle versprochen und deshalb ein umfangreiches Erneuerungs- und Verschönerungsprogramm beschlossen.

Der Uferdamm soll in Zukunft Erdbeben und sonstigen Naturereignisse standhalten, vor allem aber will man den Alaskan Way umgestalten, die Uferstraße für den örtlichen Verkehr. Fußgänger und Radfahrer bekommen dann mehr Platz, sie dürfen sich auf eine neue begrünte Promenade freuen, die parallel zu den Fahrbahnen für den Autoverkehr verläuft. Bis der Plan vollständig umgesetzt ist, werden allerdings noch ein paar Jahre vergehen.

Anfang Februar 2019 feierten die Bürger die Einweihung des neuen Straßentunnels und damit auch das Ende von Baulärm, Dreck und lästigen Umwegen. In der Tunnelröhre versteckt sich ein doppelstöckiges System von Fahrbahnen: Im Erdgeschoss fährt man nach Norden, in der ersten Etage nach Süden. Mit der Eröffnung wurde das alte Viadukt überflüssig. Endlich konnte es abgerissen werden! Inzwischen ist das Betongerippe aus dem Stadtbild verschwunden, und keiner vermisst es.

Und wie geht es Bertha? Sie ließ sich nicht anderweitig einsetzen, leider, und ist deshalb in ihre Bestandteile zerlegt worden. Das heißt, der einstige Liebling und hochbezahlte Star von Seattle ist nichts als ein Haufen Schrott. So nüchtern kann eine Promi-Karriere enden ...

https://wsdot.wa.gov/construction-planning/major-projects/alaskan-way-viaduct-replacement-program

www.waterfrontseattle.org

31 Als der Dämon erwachte – der Ausbruch des Mount St. Helens

Ein junger Mann mit blonden Haaren und Vollbart sitzt vor seinem Wohnmobil in der Sonne, die langen Beine in den hellblauen Jeans hat er bequem von sich gestreckt. Er hält ein Notizbuch und einen Stift in den Händen und schaut mit einem breiten Lächeln in die Kamera. Es ist der Vulkanologe Dr. David A. Johnston, und dieses Foto, wie er da auf dem einfachen Klappstuhl sitzend seine Aufzeichnungen anfertigt, ist das letzte Bild, das je von ihm aufgenommen wurde.

Am frühen Abend des 17. Mai 1980 ist der Dreißigjährige zum Beobachtungsposten Coldwater II hinaufgefahren, rund zehn Kilometer vom Gipfel des Mount St. Helens entfernt. Der Wissenschaftler will seinen Assistenten Harry Glicken ablösen. Glicken ist Doktorand und strebt ebenfalls eine Karriere in der Vulkanforschung an. Seit gut zwei Wochen kampiert er hier oben, um sämtliche Veränderungen an den Flanken des 2950 Meter hohen Berges zu registrieren und dem U.S. Geological Survey zu melden, dem geologischen Dienst der Vereinigten Staaten. Die Behörde hat in der Stadt Vancouver im Südwesten des Bundesstaats Washington eine Außenstelle eingerichtet, die die Vulkane der Cascades überwachen soll.

Die Überwachung ist gerade in diesen Tagen dringend geboten, denn der Mount St. Helens macht mit unruhigen Bewegungen in seinem Inneren auf sich aufmerksam. Seit einem letzten kleinen Ausbruch im Jahr 1857 hat der Vulkan friedlich geschlafen – bis zum 16. März 1980, als eine

Serie schwacher Erdbeben anzeigt, dass es mit der Ruhe offenbar vorbei ist.

Im Laufe des März nehmen die Erdbeben an Stärke und Häufigkeit zu, und die Seismographen verzeichnen ganze Wellen von Erdstößen, deren Epizentrum unterhalb der Nordflanke des Berges liegt. Ende März kommt es zu mehreren Dampfexplosionen, bei denen Vulkanasche über 3000 Meter hoch in den Himmel geschleudert wird. Zwei neue Krater bilden sich, aus denen auch in den folgenden Wochen immer wieder Dampf und Asche austreten.

Was führt der Vulkan im Schilde? Schon jetzt schätzen die Experten die Situation als gefährlich ein. Die ständigen Erschütterungen können Erdrutsche und Schneelawinen auslösen, und wenn der Schnee plötzlich schmilzt, drohen Überflutungen.

Anfang April beschließt Dixy Lee Ray, die Gouverneurin des Bundesstaats, in einem weiten Umkreis um den Gipfel eine Sicherheitszone auszuweisen. Niemand darf das Sperrgebiet mehr betreten, weder Schaulustige noch Camper oder Ferienhausbesitzer, und selbst die Menschen, die dort wohnen, müssen ihre Häuser verlassen.

Der einzige, der sich weigert, ist der 83-jährige Harry R. Truman, der seit über fünfzig Jahren eine Lodge am Spirit Lake unten am Fuße des Berges betreibt.

„Wenn der Berg hochgeht, dann gehe ich eben mit“, knurrt er und schaut die Polizisten, die vor seiner Tür stehen, herausfordernd an. „Ihr bekommt mich hier nicht raus, und wenn ihr mit einem Maultiergespann anrückt. Dieser Berg ist ein Teil von Truman, und Truman ist ein Teil von diesem Berg.“

Die Hölle bricht aus

David A. Johnston hat seinen Posten auf Coldwater Ridge, einem Bergkamm 460 Meter über dem Talgrund, eingenommen. Was dem Forscher Sorge bereitet, ist eine neu entstandene Ausbuchtung an der Nordseite des Berges. Auf geradezu unheimliche Weise wölbt sich die Riesenbeule immer stärker nach außen, ein Zeichen dafür, dass Magma aus dem Berginneren aufsteigt. Johnston ist überzeugt, dass von diesem Phänomen die größte Gefahr ausgeht. Er gönnt sich nur wenig Schlaf, und schon kurz nach Sonnenaufgang am Morgen des 18. Mai hat er den Vulkan wieder fest im Blick.

Und dann, um 8:32 Uhr, erschüttert ganz ohne Vorwarnung ein Erdbeben der Stärke 5,1 den Mount St. Helens. Die gesamte Nordseite des Berges gerät in Bewegung, die Ausbuchtung und der Gipfel lösen sich und stürzen in einem gewaltigen Erdrutsch zu Tal. Annähernd drei Kubikkilometer Gestein reißt diese größte jemals dokumentierte Geröllawine mit sich.

Aus dem Gipfelkrater und dem Durchbruch an der Nordseite schießen Dampf und Gas in die Höhe, Magma drängt nach, und nur Sekunden später kommt es zu dem gefürchteten Ausbruch. Pyroklastische Ströme, jene Höllenmischung aus superheißen Gasen und flüssigem Vulkangestein, beginnen mit unglaublich hoher Geschwindigkeit über die Berghänge zu rasen und alles zu verschlingen, was in ihrem Weg liegt.

Eine Minute, bevor der vernichtende Strom den Beobachtungsposten Coldwater II erreicht, setzt Johnston einen Funkspruch ab: „Vancouver! Vancouver! This is it!"

Es sollten seine letzten Worte sein.

Während die glühend heißen Gas- und Lavaströme über die Gerölllawine hinwegfegen, baut sich über dem Vulkan eine Aschesäule auf, die bis zu neunzehn Kilometer Höhe erreicht. Für die nächsten zehn Stunden wird der Berg unablässig Asche in die Atmosphäre schleudern.

Schon wenige Minuten nach der Eruption schmilzt die Decke aus Eis und Schnee, und fast 200 Milliarden Liter Schmelzwasser beginnen sich nach allen Seiten über die Flanken des Vulkans zu ergießen. Sie bilden Lahare, tödliche Lawinen aus Felsbrocken, Schutt und Schlamm.

Der himmelzerreißende Donner der Explosion ist selbst in weiten Entfernungen noch zu hören. In Seattle, rund hundert Meilen weiter nördlich, glauben die Leute zuerst, in der Stadt sei eine Bombe detoniert, bis die Nachrichtensender berichten, was tatsächlich passiert ist.

Ein Augenzeuge, der den Ausbruch aus sicherer Entfernung beobachtet, erzählt später, es sei ein vollkommen unwirkliches Gefühl gewesen, so als hätte er zugeschaut, wie das Ende der Welt kommt, langsam zwar, aber unaufhaltsam.

Für die Menschen im Nordwesten ist der 18. Mai 1980 ein Tag, der sich für immer in ihr Gedächtnis graben wird.

Die Bilanz des Todes

Insgesamt kommen infolge des Vulkanausbruchs 57 Menschen ums Leben, David A. Johnston, der alte Harry R. Truman, der in seiner Lodge blieb, und viele andere. Traurig genug – und gleichzeitig erscheint es als ein Wunder, dass eine Naturkatastrophe wie diese nicht noch mehr Menschenleben gefordert hat.

Das ist auch dem Vulkanologen Johnston zu verdanken. Eindringlich hatte er den Behörden davon abgeraten, die Sperrzone aufzuheben, als der Vulkan Mitte Mai eine Ruhepause einlegte – der junge Wissenschaftler ahnte bereits, dass es sich um die berühmte Ruhe vor dem Sturm handelte.

Bekannt wird das Schicksal der Familie Karr. Am Tag vor dem Ausbruch, einem Samstag, sind Day Bradley Karr und seine beiden Söhne, der elfjährige Andy und der neunjährige Michael, zu einem Ausflug aufgebrochen. Auf einem Campingplatz etwa viereinhalb Meilen nördlich des Vulkans wollen sie ihr Zelt aufschlagen und dort übernachten.

Karr ist ein begeisterter Hobbyfotograf. Erst vor kurzem hat er ein Bild des Mount St. Helens an eine große Presseagentur verkaufen können, und nun hofft er noch einmal auf Fotografenglück.

Am Morgen des 18. Mai sind er und die Jungen früh aufgestanden. Sie sitzen in Karrs Pickup Truck – und dann, von einem Moment auf den nächsten, explodiert über ihnen der Berg.

Barbara Karr, die Mutter der Kinder, verlebt viele angstvolle Stunden, bis sie erfährt, was ihrer Familie zugestoßen ist. Die Zeitungen bringen ein Bild, das ein Fotograf des *San Jose Mercury* aufgenommen hat: Es zeigt den grünen Pickup Truck, bedeckt mit grauer Vulkanasche, und auf der Ladefläche liegt die Leiche von Andy. Die Leiche von Michael wird später auf dem Boden des Trucks gefunden, die des Vaters in der Nähe des Wagens. Alle drei sind innerhalb einer Minute nach der Explosion durch Staub und heiße Gase erstickt.

Barbara muss sich anhören, ihr Mann sei an dem Unglück selbst schuld, schließlich habe er verbotenerweise die Sperrzone betreten, und das auch noch mit seinen Kindern!

Dann aber stellt sich heraus, dass die zuständigen Behörden das Waldgebiet um den Campingplatz aus dem Sicherheitsbereich ausgenommen hatten, weil dort in großem Stil Holz gefällt wurde – wirtschaftliche Interessen besaßen offenbar Vorrang vor der Sicherheit. Die Öffentlichkeit ist empört: „Wie konnten sie nur so verantwortungslos sein!“

Das Leben geht weiter

Der Vernichtungsschlag des Mount St. Helens zerstörte 200 Häuser, 300 Kilometer Highway, 24 Kilometer Eisenbahngleise und 47 Brücken, dazu mehrere hundert Quadratkilometer an Vegetation. In dem Wald nördlich des Berges blies die Druckwelle der seitlichen Eruption die Bäume um, als wären es Getreidehalme. Der Vulkan selbst verlor seinen bisherigen Gipfel und 411 Meter an Höhe.

Einige Tage nach der Katastrophe flog US-Präsident Jimmy Carter in einem Hubschrauber der Marine über die trostlose, öde Landschaft. Tausende von entwurzelten und entlaubten Bäumen lagen geknickt und zerfetzt inmitten von Asche und Schlamm, sie wirkten von oben wie zerbrochene Streichhölzer. Nach dem halbstündigen Flug über die am schlimmsten betroffenen Gebiete zeigte sich Carter erschüttert. „Jemand hat gesagt, es sehe aus wie eine Mondlandschaft – aber der Mond erscheint mir eher wie ein Golfplatz, verglichen mit dem, was wir hier vorfinden. Es ist ein grauenhafter Anblick!“

Im weiteren Verlauf des Jahres brach der Mount St. Helens noch mehrere Male aus, jedoch nicht mehr mit der gleichen Energie. Über Jahre hinweg spuckte der Vulkan gelegentlich Asche und Lava, und erst 2008 stufte der U.S. Geological Survey ihn wieder als ruhend ein. Schon 1982 wurde hier ein 450 Quadratkilometer großes Gebiet als National Volcanic Monument ausgewiesen und steht damit unter der Verwaltung des Nationalparkservice.

Die Landschaft zu sehen, die der Vulkan wenige Jahrzehnte zuvor verwüstet hat, ist für die Besucher ein einmaliges, spannendes Erlebnis. Aus einem Berghang ragen wie Strommasten graue Baumgerippe auf, die dem Ansturm damals zwar standgehalten, ihn aber letztlich nicht überlebt haben. Derselbe Hang ist übersät mit herumliegenden Baumstämmen.

Der Vulkanausbruch mag das Land um den Berg tot zurückgelassen haben, doch das Leben ist seitdem zurückgekehrt. Kleine grüne Büschel von Pionierpflanzen bilden erste Wiesen, dazwischen blühen rosafarben Blumen. Auf einem umgestürzten Baumstamm hockt ein Streifenhörnchen und lässt sich von der Sommersonne den Pelz wärmen. Auch Laub- und Nadelbäume haben angefangen, sich das Terrain zurückzuerobern, erst noch in bescheidener Größe, doch schon deutlich auf Wachstumskurs.

Und der Berg mit dem frommen Namen St. Helens ruht unter dem blauen Himmel. Dort, wo das Erdbeben einst den Gipfel weggesprengt hat, erstreckt sich eine längliche Kratermulde. Wie zufällig schwebt darüber ein kleines weißes Wölkchen. Es sieht so hübsch und harmlos aus, und doch enthält es eine warnende Botschaft: Dieser Vulkan kann jederzeit aus seinem Schlaf erwachen.

Den besten Blick auf den Vulkan hat man vom Johnston Ridge Observatory, es liegt am Ende von State Highway 504.

https://www.usgs.gov/volcanoes/mount-st.-helens/mount-st-helens-national-volcanic-monument

32 Die Unerträglichkeit des Seins – die Rock-Ikone Kurt Cobain

Am Morgen des 8. April 1994 brachten die Nachrichtensender eine Meldung, die vor allem junge Leute aufhorchen ließ: Ein im Nordwesten bekannter Rockstar sei tot in seinem Haus in Seattle aufgefunden worden.

Es wird doch nicht etwa Kurt Cobain sein?, dachten viele Zuhörer erschrocken. Cobain, der sensible Musiker, der ständig unter unerklärlichen Schmerzen litt und diese mit Drogen zu lindern suchte – er stand doch schon seit Jahren immer wieder an der Schwelle des Todes!

Die Befürchtungen der Freunde und Fans sollten sich bald bewahrheiten, die Leiche wurde tatsächlich als Kurt Cobain identifiziert. Der Elektriker Gary Smith, der an der Villa am Lake Washington Boulevard eine Alarmanlage installieren sollte, hatte ihn in dem Raum über der Garage hinter dem Haus gefunden.

Ein gruseliger Anblick: der Tote mit einer Schusswunde am Kopf inmitten einer Blutlache. Quer über seiner Brust lag eine Schrotflinte. Der Tod war bereits drei Tage zuvor eingetreten, und die Polizei ging davon aus, dass es sich um Selbstmord handelte. In Cobains Blut fanden die Gerichtsmediziner eine hohe Konzentration von Heroin und Spuren von Valium.

Der Künstler wurde nur 27 Jahre alt. In einem Zeitungsinterview sagte seine Mutter bitter und traurig: „Jetzt hat er sich diesem dummen Club angeschlossen."

Gemeint war der „27 Club", ein imaginärer Verein toter Musiker, dem schon andere illustre Mitglieder angehörten, die im Alter von 27 gestorben waren, so wie Jimi

Hendrix, Janis Joplin und Jim Morrison. Theorien kamen auf, dass die Stars gerade in jenem Alter besonders gefährdet seien, aber die Statistiker meinten dazu nur lapidar, gestorben werde in jedem Alter, besondere Häufungen um die 27 herum ließen sich nicht feststellen.

Cobain war mit der Rocksängerin Courtney Love verheiratet, mit ihr zusammen hatte er eine Tochter, Frances Bean, die zu diesem Zeitpunkt noch nicht ganz zwei Jahre alt war.

In einem Interview mit dem Musikmagazin *Rolling Stone* fasste die Witwe die turbulente, zwei Jahre währende Ehe mit Cobain folgendermaßen zusammen: „Ich hab' mit einem Menschen zusammengelebt, der jeden Tag sagte, er würde sich umbringen."

Kurt Cobain, der als Sänger, Gitarrist und Songwriter der Band Nirvana zu Berühmtheit gelangt war, gierte nach Anerkennung. Geradezu zwanghaft las er jeden Artikel in der Presse, der sich mit ihm und seiner Musik beschäftigte. Er wollte um jeden Preis beliebt sein. Gleichzeitig litt er unter extremen Stimmungsschwankungen, die als bipolare Störung diagnostiziert wurden. Was die Ursache für die Bauchschmerzen war, die ihn ständig quälten, konnten die Ärzte nicht herausfinden.

Der Abschiedsbrief, den der Musiker hinterließ, endete mit einem Zitat aus einem Song von Neil Young: "It's better to burn out than to fade away." („Es ist besser auszubrennen, als zu verblassen.")

Tatsächlich hatte sich Cobain ausgebrannt gefühlt, lustlos und leer, überfordert von seinem eigenen Erfolg. Die Angst, dass sein Stern am Rockmusik-Himmel bald verblassen könnte, war womöglich berechtigt.

Angst, Wut und zerrissene Jeans

Cobain wurde 1967 in der Stadt Aberdeen hundert Meilen südwestlich von Seattle geboren. Schon als Kleinkind brachte er laut vernehmlich seine musikalische Begabung zum Ausdruck. Er trommelte auf Töpfen und Pfannen herum, trällerte Beatles-Songs, kaum dass er sprechen konnte, und probierte die Gitarre seiner Tante aus.

Die unbeschwerte Kindheit endete, als der Junge neun Jahre alt war. Seine Eltern ließen sich scheiden, und der Sohn wurde zwischen Mutter und Vater hin- und hergeschoben. Noch schwieriger gestaltete sich die Situation, als beide Eltern neue Partner fanden. Täglich gab es Streit und Ärger, mit der Folge, dass Cobain im Jugendalter häufig den Wohnsitz wechselte und mal bei Verwandten, mal bei Freunden wohnte. Ein richtiges Zuhause hatte er nicht mehr.

Seine Zuflucht fand er in der Musik. Mitte der achtziger Jahre trat er mit verschiedenen Musikgruppen auf, und 1987 gründete er die Band Nirvana, die wie kaum eine andere für den Grunge und den typischen Seattle-Sound steht, einen Musikstil, der meist als Mischung von Punk Rock und Heavy Metal charakterisiert wird.

Der Grunge, was auf Deutsch nichts anderes heißt als Schmutz oder Dreck, wurde in Seattle geboren und war weit mehr als nur Musik. Vielmehr drückte er das Lebensgefühl einer ganzen Generation aus, derjenigen, die in den neunziger Jahren jung waren. Eigentlich hatten sie bessere Chancen als jede Generation vor ihnen, doch sie wussten nicht, was sie mit ihren Möglichkeiten anfangen sollten. Sie fühlten sich entfremdet und ohne Hoffnung, zweifelten an sich selbst und empfanden eine unbestimmte

Angst, vielleicht die Angst vor dem Erwachsenwerden, das ihnen keine Perspektiven zu bieten schien.

In Seattle und den Vororten hatte irgendwann die Wut angefangen zu gären, Wut auf das politische System und eine Gesellschaft, die Geld und Konsum anbetete. Und dann kam einer daher, der in seinen Liedern die richtigen Worte fand, schräge Töne anschlug und seiner Gitarre schauerliche Dissonanzen entlockte: Kurt Cobain. Er wurde zum Idol der Grunge Kids. Sein Song „Smells Like Teen Spirit“, der im September 1991 als Teil des Albums „Nevermind“ erschien, avancierte zur Hymne der Subkultur.

Zum Grunge-Feeling gehörte auch der passende Look, und der bestand aus karierten Flanellhemden, zerrissenen Jeans und Stoffturnschuhen von Converse, Chucks genannt, weil der Basketballspieler Chuck Taylor solche Schuhe getragen hatte. Und wenn es kalt war, zog man einfach ein paar Kleidungsschichten übereinander an.

In einem kometenartigen Aufstieg gelangte Nirvana mit „Nevermind“ an die Spitze der US-amerikanischen Albumcharts und stieß vorübergehend sogar Michael Jackson vom Thron. Der Erfolg hatte Konsequenzen: Nachdem die Grunge-Bands, allen voran Nirvana, jahrelang über den Mainstream geschimpft und gespottet hatten, wurden sie nun von der Massenkultur geschluckt. Ob Musikindustrie, Modemarkt oder Merchandising, die Geschäfte mit dem Grunge liefen prächtig. Und wieder mal ging es nur um Geld und Konsum.

Kurt Cobain fühlte mehr und mehr Unbehagen. Er war eine Spielfigur im Musik-Business geworden – wie sollte er aus dieser Rolle je wieder herauskommen? Ihm fiel nur eine einzige Lösung ein.

Der letzte große Rockstar

Nach Cobains Tod blühten die Verschwörungstheorien auf. Womöglich war der Musiker ermordet worden! Und wenn ja, dann stellte sich die alte Krimi-Frage: Wer war der Mörder? Vielleicht der Elektriker? Oder der Gärtner?

Letztlich aber konnte kein vernünftiger Zweifel daran bestehen, dass Cobain sich selbst aus dem Leben geschossen hatte. Zum einen ließ seine geistig-seelische Verfassung darauf schließen und zum anderen die Tatsache, dass die unglückliche Neigung zum Suizid bei ihm in der Familie lag.

Da Cobains Asche nach der Bestattung verstreut wurde, existiert von ihm keine Grabstätte, die seine Anhänger besuchen könnten. Seine Geburtsstadt Aberdeen richtete jedoch einen Kurt Cobain Memorial Park ein. Und das Ortseingangsschild heißt die Autofahrer mit den Worten willkommen: „Come As You Are." Jeder Fan weiß, dass dies der Titel eines weiteren Songs aus dem Album „Nevermind" ist.

Seattle dagegen legte keinen Wert auf eine Belagerung durch Cobain-Fans, ließ sich aber ein Großprojekt einfallen, um die heimische Musikszene zu würdigen: das Museum of Pop Culture, das im Jahr 2000 zunächst unter dem Namen Experience Music Project eröffnet wurde.

Schließlich ist Kurt Cobain in musikalischer Hinsicht keineswegs der einzige berühmte Sohn der Stadt. Der große Jimi Hendrix stammt sogar direkt aus Seattle, worauf man in der Stadt sehr stolz ist, auch wenn er seine Karriere nicht im abgelegenen Nordwesten verfolgte, sondern in New York und London.

Für den Bau des Museums konnte man den Stararchitekten Frank Gehry gewinnen, und der verwirklichte ein so ungewöhnliches Design, dass die Presse geschockt reagierte. Das Museum gehöre in die Liste der zehn hässlichsten Gebäude weltweit, ereiferte sich das *Forbes Magazine.* Und der Architekturkritiker der *New York Times*, Herbert Muschamp, schrieb, das Gebäude sehe aus wie etwas, das aus dem Meer gekrochen kam, auf die Seite sank und dann starb.

Da gab es offenbar Leute, denen ein klassizistischer Musentempel mit Säulenportal lieber gewesen wäre – und das für Popkultur. Aus der Vogelperspektive, finde ich, wirkt der Bau wie ein riesiger bunter Haufen von zerknautschtem Altmetall. Regelrecht grungemäßig und dadurch doch sehr passend.

Was wäre aus Kurt Cobain geworden, wenn er nicht den Freitod gewählt hätte? Wie sähe er heute aus, der blonde Jüngling von damals? Hätte er Bauchansatz und spärlichen Haarwuchs? Ginge er einem nüchternen Beruf nach, um Geld zu verdienen, während die Gitarre unbenutzt auf dem Schlafzimmerschrank vor sich hin träumt? Oder hätte er es geschafft, sein Talent weiterzuentwickeln und eine ganz neue Musik hervorzubringen? Niemand weiß es.

In der Erinnerung seiner Fans wird Cobain immer das bleiben, was er war: ein Idol der Jugend, ein herausragender Rockmusiker und vielleicht der letzte große Rockstar. Der Tod hat ihn unsterblich gemacht.

Museum of Pop Culture, 325 5th Avenue North, Seattle
www.mopop.org

33 Das Zentrum des Universums – Fremont, liebenswert und verrückt

In Fremont gehen die Uhren anders. Dieser Stadtteil, der am nordwestlichen Ende des Lake Union liegt, pflegt sorgsam sein Image, anders zu sein, schrullig und ein wenig verrückt. Zwar leben hier ganz normale Leute wie Studenten, junge Familien und Beschäftigte der IT-Branche, doch mittendrin wohnt ein buntes Völkchen von Kreativen, für die Kunst eine Lebensform ist, ein selbstverständlicher Bestandteil ihres Alltags, immer gut gewürzt mit einer ordentlichen Prise Humor.

Schon an der Fremont Bridge, der Klappbrücke über den Kanal, der den Lake Union mit dem Puget Sound verbindet, begrüßt uns ein Schild mit den Worten: *Willkommen in Fremont – Zentrum des Universums – Stellen Sie Ihre Uhr um fünf Minuten zurück*. Das klingt vielversprechend!

Die über hundert Jahre alte Fremont Bridge klappt ihre beiden beweglichen Fahrbahnteile im Durchschnitt 35-mal am Tag nach oben, um Boote und Schiffe passieren zu lassen. Als Autofahrer oder Fußgänger braucht man also schon viel Glück, um ohne Wartezeit auf die jeweils andere Seite zu gelangen.

In einem der Brückentürme ist Rapunzel eingesperrt, geformt aus bunten Neonröhren. Elektrisch beleuchtet lässt das schöne Fräulein seine gelben Neonhaare herunter. Ob sich bisweilen Prinzen daran nach oben hangeln, ist nicht bekannt.

In den ersten Jahrzehnten war die Brücke in einem nüchternen Grünton gestrichen. Das wurde den Bewohnern der Gegend aber zu langweilig, und bei einer Abstimmung 1972 sprachen sie sich dafür aus, das Bauwerk in Orange zu tauchen. Dabei wurde allerdings eine Art Signalfarbe benutzt, die so grell ausfiel, dass einem bei dem Anblick die Augen wehtaten.

Wind und Wetter ließen die Farbe mit der Zeit zu einem schmutzigen Rosa verblassen, vom Farbton her „irgendwo zwischen totem Lachs und faulem Obst", wie die Anwohner sagten. So konnte es nicht bleiben, ein neuer Anstrich musste her. Seit 1985 präsentiert sich die Brücke nun in einem kräftigen Blau mit orangefarbenen Akzenten, und damit sind alle zufrieden.

Warten auf die Straßenbahn

Unter dem grünen Dach einer Haltestelle wartet eine Gruppe von Menschen auf die Bahn – aber die wird niemals kommen. Und die Wartenden sehen aus, als wären sie über dem langen Herumstehen grau geworden.

„Waiting for the Interurban", so heißt die Skulptur der sechs grauen Gestalten mit Hund, die hier schon seit 1979 an der Straßenecke stehen. Der Künstler Richard Beyer wollte damit an die alte Interurban-Straßenbahn erinnern, die von 1910 bis 1939 zwischen Seattle und Everett verlief und auf ihrem Weg auch durch Fremont rollte.

Wer genau hinsieht, entdeckt, dass der mopsähnliche Hund, der da neugierig zwischen den Beinen der Leute hervorschaut, ein menschliches Gesicht trägt. Der Hund, so eine der zahlreichen Fremont-Legenden, sehe aus wie der frühere Ehrenbürgermeister des Stadtviertels, Arman Napoleon Stepanian. Der hatte Beyer in der Öffentlichkeit einmal scharf angegriffen, und der Künstler rächte sich, indem er Stepanians Gesicht dem Mops seiner Skulptur aufsetzte.

Beyers Werk weckte sogleich die Phantasie und den Spieltrieb der Bewohner von Fremont. Man sieht die Wartenden an der Haltestelle kaum jemals ohne Verkleidung. Ein Mützchen hier, ein Hut dort, eine Schärpe, ein Schlips, ein bunter Umhang – was den Leuten eben so einfällt, und das Outfit variiert mit den Jahreszeiten.

Seit August 2008 beleben zwei weitere Figuren die Szene, und zwar in Form einer Bronzeskulptur mit dem Namen „Late for the Interurban". Die beiden kommen angerannt, um die Straßenbahn noch zu erwischen – ein unmögliches Unterfangen, da sie einander eingehakt haben und in entgegengesetzte Richtungen streben.

Als die Skulptur eingeweiht wurde, strömten einige tausend Menschen nach Fremont, mit einem glücklichen Lächeln im Gesicht, weil sie sich an so viele schöne Stunden in ihrer Kindheit erinnerten. Das verrückte Paar stellt den legendären Fernsehclown J. P. Patches und seine Kumpanin Gertrude dar, die von 1958 bis 1981 regelmäßig in einer Fernsehshow auftraten. Mit ihren Scherzen und Sketchen brachten sie Generationen von Kindern zum Lachen.

Lenin kam bis nach Fremont

Das Zentrum des Universums befindet sich doch tatsächlich in Fremont! Das entdeckten eines Abends ein paar nicht ganz ernst zu nehmende Wissenschaftler des Ortes, als sie zusammen in einer Bierkneipe saßen. Je mehr Gläser sie leerten, desto mehr gelangten sie zu der Überzeugung, dass an der Kreuzung der North Fremont Avenue und der North 35th Street eine ungewöhnlich starke Erdanziehungskraft herrschen müsse. Das konnte nur das Zentrum des Universums sein!

Schon bald markierte ein Wegweiser diesen Punkt, und auf den Holzpfosten wurde die Aufschrift *Center of the Universe* aufgemalt, zusammen mit einem schwarzen Pfeil, der in die Erde weist. Auch sonst gibt der Wegweiser mit seinen Richtungspfeilen zahlreiche nützliche Hinweise, zum Beispiel, dass die Entfernung zur Milchstraße 69 Lichtjahre beträgt und zum Louvre 9 757 Kilometer.

Milchstraße und Louvre sind uns nun doch zu weit, also besuchen wir lieber Lenin, von dem wir wissen, dass er sich als Statue hier in der Gegend aufhält. Die Lenin-Statue stammt aus der Zeit, als es noch einen Ostblock mit kommunistisch regierten Ländern gab. Doch wie hat sie sich hier nach Fremont verirrt?

Im Jahr 1981 erhielt der Bildhauer Emil Venkov einen Auftrag von höchster Stelle: Die kommunistische Partei der damaligen Tschechoslowakei bestellte bei ihm eine Bronzeskulptur des allseits verehrten Revolutionärs Wladimir Iljitsch Uljanow, genannt Lenin. Venkov ließ sich Zeit, auch floss das Geld nur zögerlich, aber 1988 endlich konnte die fünf Meter hohe Statue in der slowakischen Stadt Poprad aufgestellt werden. Doch als sich das Land ein Jahr später vom Sozialismus abwandte, fiel der Bronze-Lenin in Ungnade. Er landete auf dem Schrottplatz, und keiner interessierte sich mehr für ihn.

Bis ein Mann namens Lewis E. Carpenter ihn entdeckte. Carpenter arbeitete zu jener Zeit als Englischlehrer in Poprad und fand sofort Gefallen an der Figur. Er plante nämlich, zu Hause in Issaquah, einer Stadt östlich von Seattle, ein Restaurant mit slowakischen Spezialitäten aufzumachen. Und der alte Bolschewik, so dachte er, würde sich wunderbar als Werbeträger eignen.

Carpenter plünderte sein Bankkonto, nahm noch eine Hypothek auf sein Haus auf und ließ sich die Schrottskulptur nach Issaquah bis vor die Haustür liefern. Dann aber schlug das Schicksal zu, und er kam bei einem Autounfall ums Leben, noch bevor er seine Pläne mit dem Restaurant verwirklichen konnte.

Was tun mit Lenin?, fragten sich die trauernden Hinterbliebenen. Erst wollten sie die Bronzefigur an eine Gießerei in Fremont verkaufen, doch deren Besitzer meinte, zum Einschmelzen sei die Skulptur zu schade und er habe eine bessere Idee. In Fremont sei Platz für Kuriositäten aller Art, und dort könne Lenin warten, bis sich ein Käufer für ihn gefunden habe.

Und seitdem steht der bärtige Revolutionär an seiner Straßenecke in Fremont und erinnert an alte, böse Zeiten. Carpenters Familie sucht übrigens immer noch einen Käufer für ihn, falls Sie also zufällig 250 000 Dollar übrig haben ...

Versuchen wir's mit Kunst

Und nun begeben wir uns in das Reich des finsteren Trolls. Der riesige Unhold haust unter der Aurora-Brücke, die die State Route 99 in einem hohen Bogen über den bereits erwähnten Kanal trägt. Mit seiner linken Pranke umklammert er einen VW Käfer – einen echten, übrigens! Es sieht aus, als hätte er das Fahrzeug oben von der Fahrbahn geklaubt, um es mit seinen langen Fingern zu zerdrücken.

Bevor der Troll an diesem Standort Quartier bezogen hatte, war der Platz unter der Brücke zu einer Müllkippe und einem Treffpunkt für Drogendealer verkommen. „Wie kann man dagegen angehen?“, fragten sich die Stadtoberhäupter. Die Entscheidung, die dann getroffen wurde, ist ganz typisch für Fremont: „Versuchen wir's mit Kunst.“

Das Fremont Arts Council, der Kunst-Ausschuss des Stadtteils, schrieb 1990 einen entsprechenden Wettbewerb aus, und es war der Troll, der ihn gewann. Oder vielmehr das Team der vier Künstler, die sich das Motiv ausgedacht und mithilfe von Stahl, Beton und Draht umgesetzt hatten.

Der Kerl ist fünfeinhalb Meter hoch, aus seiner Wohnstatt unter der Brücke schauen nur Kopf, Schultern und Arme hervor. Schon aus größerer Entfernung sieht man sein linkes Auge bedrohlich glitzern – es besteht aus einer Radkappe. Das rechte Auge wird von langen Zotteln verdeckt. Das Ungetüm ist von vornherein als interaktives Kunstwerk geplant worden, sehr zur Freude vor allem kleiner Besucher, die gerne auf ihm herumklettern.

Nach ihrer Einweihung zu Halloween 1990 avancierte die Troll-Skulptur sehr schnell zum Wahrzeichen von Fremont. Eine Straße wurde nach ihr benannt, und jedes Jahr am Abend des 31. Oktober steigt unter der Brücke eine „Trolloween Party“, die sich dann als Festumzug durch Fremont bewegt, vorbei an all den anderen Kuriositäten und Kunstwerken.

Zum Beispiel auch an der Rakete, einem wahren Prachtexemplar aus den Zeiten des Kalten Krieges, das nun seine Heimat in Fremont gefunden hat. Den Anstoß dazu gab die Fremont Business Association. Einige ihrer Mitglieder hatten nämlich eines Morgens im Jahr 1991 einen Bericht im Radio gehört, der sie regelrecht elektrisierte. Sofort rief der eine den anderen an.

„Du, stellt dir vor, in Belltown wird gerade eine Rakete aus den fünfziger Jahren abgewrackt!“

„Was, wirklich? Und was machen sie damit?“

„Sie wollen sie auf den Schrottplatz bringen, ist doch ein Jammer, nicht?"

„Schrottplatz? Kommt gar nicht in Frage. Wir müssen das Ding unbedingt nach Fremont holen!"

In Belltown, einem Stadtteil von Seattle, befand sich ein Laden, der überschüssige Lagerbestände der Armee verkaufte. Vor seinem Geschäft hatte der Inhaber einen Raketenrumpf ausgestellt, zusammengebaut aus gebrauchten Teilen. Jetzt aber wurde das Haus abgerissen, und die Rakete sollte in die Schrottpresse wandern. Ein Fall für Fremont!

Die Leute von der Business Association wollten das sechzehn Meter hohe Fluggerät in Fremont aufstellen, aber es gelang ihnen einfach nicht, die Rakete aufzurichten. Im Sommer 1993 endlich eilte ein Trupp von Spezialisten zu Hilfe. Nicht nur, dass sie den Veteranen des Weltraums in eine aufrechte Position brachten, nein, sie spendierten ihm auch eine technische und optische Generalüberholung. Stolz ragt die Rakete nun in den Himmel, versehen mit dem Fremont-Wappen und dem Motto „De Libertas Quirkas", was so viel heißt wie „die Freiheit, eigenartig zu sein".

Direkt gegenüber auf dem Dach eines Bürogebäudes entstand passend dazu die neueste Kunstinstallation des Stadtteils: ein riesiger orangeroter Saturn, umgeben von einem breiten Ring. Der Fremont-Mythos lebt weiter.

Wenn Sie nach Fremont kommen, versuchen Sie erst gar nicht, die Kunstwerke und Kuriositäten zu verstehen, es reicht, wenn Sie Spaß daran haben. So wie die sympathischen und ein wenig verrückten Leute, die hier wohnen.

Die Sehenswürdigkeiten von Fremont befinden sich alle zwischen dem Kanalufer im Süden, der Evanston Avenue North im Westen, der Aurora Avenue North im Osten und North 36th Street im Norden.

Danksagung

Dank an Peter Schieche, meinen Lebens- und Reisebegleiter. Auf unseren gemeinsamen Reisen in die Ferne haben wir schon so viel gesehen, und es ist wunderschön, dass ich das alles mit dir gemeinsam erleben darf. Ich danke dir, dass du mir unterwegs so viel der lästigen Organisation abnimmst. Und dass du jede einzelne meiner 33 Geschichten sofort liest, sobald ich den letzten Satz geschrieben habe, weiß ich sehr zu schätzen!

Dank an Almut Irmscher: Ohne dich gäbe es meine Reisebücher nicht! Ich habe viel von dir gelernt, und jeder deiner kritischen Kommentare hat mich weitergebracht.

Jon und Sandra, danke für eure Gastfreundschaft! Ihr habt uns zu euch nach Hause eingeladen, obwohl ihr uns vorher gar nicht kanntet. Die Fahrt mit euch durch den Olympic National Park war ein großartiges Erlebnis.

In Seattle und Umgebung ein Dank an alle, die sich die Zeit für Gespräche genommen haben, uns Hinweise gaben und so manchen Geheimtipp.

Bundesstaat Washington (Westen)

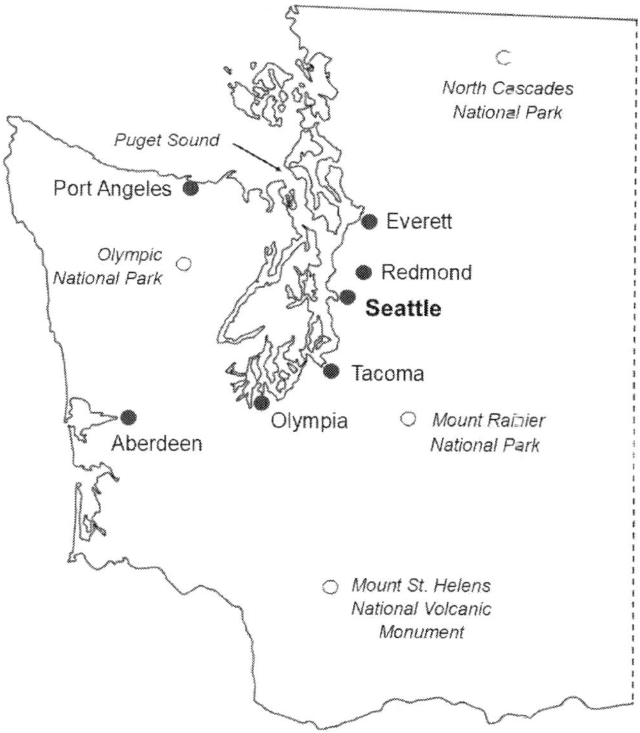

Titel von Gunhild Hexamer

Als Taschenbuch und E-Book bei Amazon:

Chicago erleben: Geschichten und Rezepte aus der Stadt der Wolkenkratzer

Seattle erleben: 33 Geschichten aus der Metropole des Nordwestens

Arizona erleben: 33 Geschichten aus dem Land des Grand Canyon

Texas erleben: 33 Geschichten aus dem Land der Cowboys und Ölbarone

Kanada erleben – Ontario: 33 Geschichten aus dem Land der großen Seen

Als Taschenbuch und E-Book im MANA-Verlag:

Das Kanada-Lesebuch – Der Osten: Impressionen und Rezepte aus dem Land der Leuchttürme

Das Kanada-Lesebuch – Der Westen: Impressionen und Rezepte aus dem Land der Berge und Bären

Das Kalifornien-Lesebuch: Impressionen und Rezepte aus dem Land der Superlative

Das USA-Lesebuch: Impressionen und Rezepte aus dem Land der großen Träume

Das Florida-Lesebuch: Impressionen und Rezepte aus dem Sunshine State

Mehr Informationen unter **www.ghexamer.de**

Gerne möchte ich Sie auch auf die Reihe der **Reise-Lesebücher von Almut Irmscher** hinweisen. Informationen finden Sie unter:

www.almutirmscher.de

Printed by Amazon Italia Logistica S.r.l.
Torrazza Piemonte (TO), Italy

57530741R00136